金赫濟
韓重洙

共著

總天然色

唐四柱要覽

明文堂

序文(서 문)

옛날 孔子(공자)께서 말씀하시기를 「死生(사생)은 命(명)에 있고 富貴(부귀)는 天(하늘)에 있다」고 하셨다. 그러므로 愚昧鈍才(우매 둔재)하여도 多福(다복)한 사람이 있는가하면 聰明秀才(총명 수재)하여도 不幸(불행)의 困境(곤경)을 면치 못하고 일생을 苦海(고해) 속에서 허덕이는 사람이 있음은 우리 人間生活(인간생활) 속에서 흔히 實感(실감)할 수 있는 일이다.

인간의 운명은 타고난 四柱(사주)(年柱、月柱、日柱、時柱＝년주、월주、일주、시주)에 의하여 興亡盛衰(흥망성쇠)가 定(정)해지고 있다. 그러므로 자기의 타고난 운명을 正確(정확)히 判斷(판단)하여 자기의 職分(직분)에 알맞도록 生涯(생애)를 營爲(영위)한다면 별로 실수함이 없이 成功(성공)할 수 있고 누구보다도 幸福(행복)할 수 있을 것이다. 그러나 인간은 거개가 자기의 운명을 모르고 있기때문에 자기 前程(전정)의 指標(지표)를 定(정)하지 못하고 불행 속에서 彷徨(방황)하게 되며 심할 경우 破綻(파탄)의 陷穽(함정)에서 헤어나지 못하게 되는 것이다. 올바른 運路(운로)를 알고 분수에 알맞도록 行(행)하는 사람은 避凶取吉(피흉취길)하여 安定(안정)된 生涯(생애)를 開拓(개척)해 나갈 수 있고 자기의 運路(운로)를 모르는 者(자)는 每事(매사)에 있어 失敗(실패)와 困苦(곤고)를 면치 못하게 되는 것이다.

이와같이 인간의 운명은 宿命(숙명)이 아니요 天命(천명)을 豫知(예지)함으로써 얼마든지 可變調整(가변조정)할 수 있는 것이다.

따라서 약 五千餘年(오천여년)전부터 東洋天下(동양천하)에는 이 인간의 운명을 陰陽五行(음양오행)의 原理(원리)로써 解剖(해부)해 보려는 學說(학설)이 나오기 시작했는데 이것이 바로 東洋哲學(동양철학)의 精華(정화)인 易理哲學(역리철학)의 시초이다.

이 易理哲學(역리철학)은 중국의 代羲氏(복희씨)가 八卦法(팔괘법)을 발명한데서 비롯하여 夏·殷代(하은대)의 河圖洛書(하도락서) 등을 거쳐 周文王代(주문왕대)에 周易(주역)을 공포함으로써 易理學(역리학)은 급격한 발전을 보게 되었던 것이다.

이때부터 사람의 生年月日時(생년월일시)를 基點(기점)으로 하여 인간의 운명을 판단하는 四柱法(사주법)이 나왔고 이와 때를 같이하여 運命判斷法(운명판단법)의 여러가지 方術(방술)이 나오게 되었는데 六壬(육임) 氣學(기학) 五星術(오성술) 九星法(구성법) 등을 들수 있다.

이 唐四柱要覽(당사주요람)도 古代(고대)로부터 傳來(전래)해오는 人間(인간)의 運命(운명)을 鑑定(감정)하는 唯一(유일)한 寶書(보서)로서 그 原理(원리)가 神秘微妙(신비미묘)하여 生前(생전)의 因果(인과)에서부터 死後(사후)의 業報(업보)에 이르기까지 靈妙(영묘)하게 解理(해리)되어 있는 看命學(간명학)의 寶典(보전)이다.

이와같이 唐四柱要覽(당사주요람)은 인간

의 운명을 正確(정확)히 判斷(판단)하여 運
路開拓(운로개척)에 至大(지대)한 영향을
주고 있는 寶典(보전)이지만 그 原文(원문)
과 보는 법이 어려워 제대로 運用(운용)하는
사람이 적다. 이에 筆者(필자)는 多年間(다
년간) 心血(심혈)을 기울여 누구나 理解(이
해)하기 쉽고 正確(정확)히 判斷(판단)할
수 있도록 現代感覺(현대감각)에 맞추어 풀
이하였으며 天然色(천연색) 그림을 揷入(삽
입)하여 인간의 운명을 立體的(입체적)으로
판단할 수 있도록 꾸며 보았다. 그리고 四
柱法(사주법)의 基礎(기초)인 五行(오행)
陰陽(음양) 및 男女宮合法(남녀궁합법) 諸
般擇日法(제반택일법) 등을 簡潔(간결)하고
알기쉽게 總網羅(총망라)하여 附錄(부록)으
로 收錄(수록)하였음으로 一鳥二石(일조이
석)의 役割(역할)을 擔當(담당)할 수 있을

것으로 믿는다.

未備(미비)한 점이 많으나 諸賢(제현)들
의 看命學硏究(간명학연구)에 一助(일조)가
되다면 다시 없는 榮光(영광)이겠다.

끝으로 諸賢(제현)의 아낌없는 校正(교
정)을 바란다.

己酉年(기유년) 四月(사월)
            著者(저자) 謹識(근식)

勸 奬 辭 (권장사)

運命哲學(운명철학)은 人類生活上(인류생활상) 가장 貴重(귀중)한 學問(학문)으로서 人生行路(인생행로)의 指針(지침)이 되는 것이다.

무릇 人間(인간)의 生滅盛衰(생멸성쇠)는 天理(천리)에 順應(순응)함이요 萬象(만상)의 生盛衰滅(생성쇠멸)은 陰陽五氣(음양오기)의 造化作用(조화작용)이니 萬物(만물)의 運程(운정)이 이에 의하지 않음이 없고 人間(인간)의 吉凶禍福(길흉화복) 또한 이에 屬(속)하지 않음이 없다.

그러나 人間(인간)의 運命(운명)은 絶對 宿命(절대숙명)이 아니오 天命(천명)을 豫知(예지)함으로써 可變(가변)할 수 있는 것 인즉, 인간의 운명을 皆有八字(개유팔자)로 돌려 運路(운로)를 善導(선도) 開拓(개척)하려하지 아니함은 可嘆之事(가탄지사)라 아니할 수 없다.

따라서 古來(고래)로 東洋各國(동양각국)에서는 運命哲學(운명철학)에 대한 關心(관심)이 至大(지대)하였고 운명을 開拓(개척)하려는 여러가지 方術(방술)이 續出(속출)하게 되었다. 그러나 從來(종래)의 斯書類 中(사서류중)에는 誤錯(오착) 短見(단견) 拙述(졸술)이 許多(허다)하여 오히려 衆人(중인)을 迷惑(미혹)케 함이 적지 아니하였다.

이제 易理學界(역리학계)의 巨星(거성)

松亭(송정) 金赫濟(김혁제)선생과 篤學(독학) 熱誠之士(열성지사) 韓重洙(한중수)씨가 秘傳寶書(비전보서)인 唐四柱要覽(당사주요람)을 多年間(다년간)의 研究(연구)와 實證體驗(실증체험)끝에 秘法妙解(비법묘해)로써 人生運路(인생운로)의 吉凶(길흉) 得失(득실) 身命(신명) 壽福(수복) 등을 細部的(세부적)으로 풀이하고 正確(정확)하게 判斷解述(판단해술)하여 上梓(상재)함으로써 類書(류서)의 誤謬(오류) 迷惑(미혹) 등을 一掃(일소)케 되었음은 本人(본인)이 欣快(흔쾌)히 여기는 바로서 江湖諸賢(강호제현)의 一讀(일독) 있기를 勸(권)하는 바이다.

己酉(기유) 初春(초춘) 鶴舞(학무) 金栢滿(김백만)

第一章 總 論 (총 론)

　무릇 人間이란 無限大(무한대)한 공간과 無窮(무궁)한 시간속에 태어나 不斷히 生成死滅하고 있는 萬物中에서 가장 靈妙(영묘)한 존재라 하겠다. 그렇기 때문에 人間은 날 때부터 하늘에 있는 별(天星)의 精氣를 받아 태어나는 것으로, 따라서 人間의 運程에 있어서도 좋은 별(吉星)을 만나면 富貴功名(부귀공명)하고 나쁜 별(凶星)을 만나면 困苦貧賤(곤고빈천)하게 되는 것이다. 다시 말하면 宇宙안에 있는 모든 만물이 生滅盛衰(생멸성쇠)를 거듭하면서 不斷히 계속되고 있음과 마찬가지로 인간의 運程

　또한 天의 神功(신공)과 地德(지덕)과 五行(오행)의 氣運에 따라 無限大한 宇宙안에서 連綿不斷(연면부단) 千態萬象(천태만상)의 喜怒哀樂(희로애락)을 겪으면서 興亡盛衰(흥망성쇠)를 거듭하고 있는 것이다.

　이와같이 이 無限大한 우주안에 태어나 흥망성쇠를 거듭하면서 부단히 流轉(유전)하고 있는 인간의 운명을 그 生年月日時(생년월일시)에 맞추어 吉凶(길흉)을 鑑定(감정)하는 법을 알기 쉽게 풀이한 것이 이 책의 本旨(본지)이다.

　그러나 인간의 운명을 감정한다는 것은

神秘微妙(신비미묘)한 것으로서 宇宙天理(우주천리)를 완전히 터득하지 않고는 불가능한 일이다. 그리고 이 우주천리를 터득하려면 우선 易理學(역리학)을 理解(이해)해야 하고 이 역리학은 곧 六甲法(육갑법)에서 비롯하는 것이다. 따라서 육갑법을 모르고서는 역리학을 이해할 수 없고 역리학을 모르면 우주천리의 靈妙(영묘)한 妙法(묘법)을 알 수 없는 것이다. 이 우주천리의 묘법을 모르면서 인간의 운명을 감정 판단한다는 것은 더욱 있을 수 없는 일이다.

따라서 우선 初心者(초심자)를 위하여 六甲法(육갑법)을 해설하고 역리학의 基礎(기초)를 밝혀 둔다.

一、六甲法(육갑법)

역리학의 기본은 六甲(육갑)이니 이 육갑법에서 비로소 陰陽(음양)、五行(오행)、數(수)、方角(방각)、色(색) 등이 산출되는 것이다.

무릇 사람의 運命(운명)을 감정한다는 것은 天理妙法(천리묘법)을 사람에 적용해서 그 운명의 길흉을 논하는 것이므로 그 사람의 생、년、월、일、시(生年月日時)를 基點(기점)으로 해서 육갑의 干支(간지)를 정하는 것이다.

이 천리묘법인 음양、오행、수등을 산출하는 육갑은 위로는 하늘을 묘사한 천간(天干=十干)이 있고 아래로는 땅을 상징한 지지(地支=十二支)가 있어서 상호 결합한 것이다.

1 天 干(천간)

甲乙丙丁戊己庚辛壬癸(十干)
갑을병정무기경신임계

天干陰陽
(천간음양)

陽─甲 丙 戊 庚 壬
陰─乙 丁 己 辛 癸

2 地支（지지）

地支陰陽
(지지음양)

陽─子 寅 辰 午 申 戌
陰─丑 卯 巳 未 酉 亥

자축인묘진사오미신유술해

3 六十甲子（육십갑자）

六十甲子(육십갑자)는 陽干(양간)은 陽支(양지)、陰干(음간)은 陰支(음지)와 서로 위 아래로 결합하여 육십개로 간지가 이루어진 것이다.

甲子 乙丑 丙寅 丁卯 戊辰 己巳 庚午
(갑자)(을축)(병인)(정묘)(무진)(기사)(경오)

辛未 壬申 癸酉 甲戌 乙亥 丙子 丁丑
(신미)(임신)(계유)(갑술)(을해)(병자)(정축)

戊寅 己卯 庚辰 辛巳 壬午 癸未 甲申
(무인)(기묘)(경진)(신사)(임오)(계미)(갑신)

乙酉 丙戌 丁亥 戊子 己丑 庚寅 辛卯
(을유)(병술)(정해)(무자)(기축)(경인)(신묘)

壬辰 癸巳 甲午 乙未 丙申 丁酉 戊戌
(임진)(계사)(갑오)(을미)(병신)(정유)(무술)

己亥 庚子 辛丑 壬寅 癸卯 甲辰 乙巳
(기해)(경자)(신축)(임인)(계묘)(갑진)(을사)

丙午 丁未 戊申 己酉 庚戌 辛亥 壬子
(병오)(정미)(무신)(기유)(경술)(신해)(임자)

癸丑 甲寅 乙卯 丙辰 丁巳 戊午 己未
(계축)(갑인)(을묘)(병진)(정사)(무오)(기미)

庚申 辛酉 壬戌 癸亥
(경신)(신유)(임술)(계해)

二、干支合冲（간지합충）

1 天干相合（천간상합）

干支(干支)에는 서로 친화하여 合(합)하는 것이 있고 서로 배척하여 冲(충)하는 것

이 있다. 천간이 서로 친화하여 합하는 것은
다음과 같다.

○ 天干相合表

天干	甲己	乙庚	丙辛	丁壬	戊癸
合冲	合	合	合	合	合

2 天干相冲(천간상충)

위의 표와 같이 양간과 음간이 부부와 같
이 서로 합하는 것이 다섯이다.
다음은 이와는 반대로 서로 배척하여 冲
(충)하는 것 또한 다섯이 있다.

○ 天干相冲表

天干	甲庚	乙辛	丙壬	丁癸	戊己
合冲	冲	冲	冲	冲	冲

三、 地支合冲(지지합충)

1 地支六合(지지육합)

위에서는 천간(天干)이 서로 합하는 것과
서로 冲(충)하는 것을 들었거니와 地支(지
지)도 또한 그러한 것으로 다만 지지에는 六
合者(육합자)와 三合者(삼합자)가 있다.
육합자는 두 개의 支(지)가 서로 합하는
것으로 이 합에는 五氣(오기)의 이치에 따
라 합함으로써 길(吉)할 때도 있지만 합함
으로써 오히려 凶(흉)할 경우도 있다.

○ 地支六合表

地支	子丑	寅亥	卯戌	辰酉	巳申	午未
合冲	合	合	合	合	合	合

2 地支三合(지지삼합)

위에서 논한 바와 같이 지지가 서로 합하는 것 중에서 세개의 支(지)가 서로 합하는 것을 三合(삼합)이라고 하는데 삼합에도 역시 합하여 길할 때도 있지만 합함으로써 도리어 흉할 때가 있다.

○ 地支三合表

地支	寅午戌	亥卯未	申子辰	巳酉丑
合冲	合	合	合	合

3 地支相冲(지지상충)

地支冲(지지충)이란 지지합의 반대의 뜻으로서 病苦(병고), 喪妻(상처), 破家(파가), 離鄕(이향), 訴訟(소송), 口舌(구설) 등 주로 흉한 일을 나타내는 불길한 작용을 하는 것이나 서로 冲(충)함으로써 도리어 길하여 크게 발전하는 경우도 있다.

○ 地支相冲表

地支	子午	丑未	寅申	卯酉	辰戌	巳亥
合冲	冲	冲	冲	冲	冲	冲

四、干支五行(간지오행)

1 五行(오행)

五行(오행)이란 (金)금, (木)목, (水)수, (火)화, (土)토를 말한다. 天地間(천지간)의 만물은 모두 오행의 기운으로 화생하여 형성 되었으니 간지 오행이란 이 이치를 말한 것이다.

이 오행은 氣(기)로는 오행의 五氣(오기)가 되고 物形(물형)으로는 하늘의 五行星

(오행성)이 있고 땅에는 五行物(오행물)이 있는 것이다.

또한 오행은 天干(천간)에 음과 양의 열가지 오행의 干(간)이 있고 地支(지지)에는 음과 양의 열두가지 오행의 支(지)가 있다.

위에서 논한 바와 같이 오행은 陽干支(양간지)와 陰干支(음간지)로 구분되는데 陽干(양간)의 성질은 男性(남성)과 같은 것으로서 성질이 강하고 독립적이며 死絶地(사절지)에 이르더라도 絶處逢生(절처 봉생)하여 자기의 곤궁함을 나타내지 않고 분투 노력하여 다른 세력에 따르지 아니한다.

이와는 반대로 陰干(음간)은 여성적이며 柔弱(유약)하여 독립성이 없고 다른 세력에 따른다. 또 각 간에는 오행질(質)이 있는데 비유컨대 甲木(갑목)은 大林(대림)과 같고 乙木(을목)은 草木(초목)과 같으며 丙火(병화)는 태양의 精氣(정기)를 간직한 太旺(태왕)한 불이고 丁火(정화)는 燈燭(등촉)과 같은 불이다. 이와 같이 오행의 質(질)이 각각 다른 것으로 이것이 서로 合冲生剋(합충생극)함에 따라 旺衰吉凶(왕쇠길흉)하게 되는 것이다.

○ 五行表

金	木	水	火	土

○ 天干五行表

五行	木	火	土	金	水
天干	甲乙	丙丁	戊己	庚辛	壬癸

○ 地支五行表

五行	木	土		火	金	水
地支	寅卯	辰戌	丑未	巳午	申酉	亥子

○ 五行質表

干	質
甲木	大林(대림)
乙木	草木(초목)
丙火	太陽(태양)
丁火	燈燭(등촉)
戊土	城垣(성원)
己土	田園(전원)
庚金	劍戟(검극)
辛金	珠玉(주옥)
壬水	江湖(강호)
癸水	雨露(우로)

後天數
二 十 三 八 五 二 七 十 九 四 五 六

五、干支의 先後天數

干(간)과 支(지)에는 先天數(선천수)와 後天數(후천수)가 각각 있다.

○ 天干先後天數表

天干	甲	乙	丙	丁	戊	己	庚	辛	壬	癸
先天數	九	八	七	六	五	九	八	七	六	五
後天數	三	八	七	二	五	百	九	四	一	六

○ 地支先後天數表

地支	子	丑	寅	卯	辰	巳	午	未	申	酉	戌	亥
先天數	九	八	七	六	五	四	九	八	七	六	五	四

六、干支의 方角(간지의방각)

干(간)과 支(지)는 方角(방각)으로도 나누는데 아래의 표는 正方(정방)과 間方(간방)을 합한 것이다.

○ 干支의 方角表

干支	方角
甲乙 寅卯	東方
丙丁 巳午	南方
庚辛 申酉	西方
壬癸 亥子	北方
戊己 辰戌丑未	中央

七、 干支의 色(색)

干支(간지)를 色(색)으로 分類(분류)하면 다음과 같다.

干支	甲乙寅卯	丙丁巳午	戊己辰戌丑未	庚辛申酉	壬癸亥子
色	青	赤	黄	白	黒

八、 干支의 四節과 旺衰(왕쇠)

干支(간지)는 春夏秋冬(춘하추동)으로도 分類(분류)되며 旺(왕)하고 衰(쇠)하는 때가 있다. 예를 들면 甲乙寅卯(갑을인묘)의 간지가 春節(춘절)일 경우 正、二、三월은 왕성하고 十、十一월에 生(생)하며 四、五、六、七、八、九월에는 쇠약하는 것이니 다음의 표와 같다.

○ 干支의 四節과 旺衰表

四季	干支	旺	生	衰
春	甲乙寅卯	正、二、三月	十、十一月	四、五、六、七、八、九月
夏	丙丁巳午	四、五、六月	正、二、三月	七、八、九、十、十一、十二月
秋	庚辛申酉	七、八、九月	三、六、九、十二月	正、二、四、五、六、十一月
冬	壬癸亥子	十、十一、十二月	七、八月	正、二、三、四、五、六、九月
四季	戊己辰戌丑未	三、六、九、十二月	四、五月	正、二、七、八、十、十一月

九、 五行의 相生相剋(상생상극)

오행에는 서로 和親(화친)하여 生(생)하는 것과 서로 배척하여 剋(극)하는 것이 있으니 다음과 같다.

(1) 相生＝金生水 水生木 木生火 火生土 土生金
(金은 水를 生하고 水는 木을 生하고 木은 火를 生하고 火는 土를 生하고 土는 金을 生한다)

(2) 相剋＝金剋木 木剋土 土剋水 水剋火 火剋金
(金은 木을 剋하고 木은 土를 剋하고 土는 水를 剋하고 水는 火를 剋하고 火는 金을 剋하는 것이다)

十、 五行의 旺衰(왕쇠)

오행은 때에 따라 왕(旺)하고 쇠(衰)하는 것으로 다음과 같다.

(1) 金＝가을에 가장 왕성하다。 四季土旺節(사계토왕절) 辰戌丑未月(진술축미월)에 土生金(토생금)하므로 역시 왕성하는 것이다。 여름에는 화극금(火剋金)하므로 가장 쇠약하고 겨울에는 금생수(金生水)하여 기력이 누출(流出)되므로 쇠약해지며 봄에도 쇠약해진다

(2) 木＝봄의 寅卯辰月(인묘진월)에 得氣(득기)하여 가장 旺盛(왕성)하고 겨울의 亥子丑月(해자축월)에도 水生木(수생목)이 되므로 성한다。 여름의 巳午未月(사오미월)에는 火(불)에게 기운을 빼앗기므로 衰弱(쇠약)해지고 가을의 申酉戌月(신유술월)에는 金(금)의 剋(극)을 받으므로 가장 쇠약해진다。

(3) 水=겨울의 亥子丑月(해자축월)에 가장 旺盛(왕성)하고 가을의 申酉月(신유월)에도 金生水(금생수)하므로 盛(성)한다. 봄에는 木(나무)에 기운이 流出(누출)되므로 衰(쇠)하고 여름과 四季土旺節(사계토왕절)에는 土剋水(토극수)함으로 가장 衰弱(쇠약)해 진다.

(4) 火=여름의 巳午未月(사오미월)에 가장 旺盛(왕성)하고 봄에도 木生火(목생화)하므로 盛(성)하나 가을에는 氣運(기운)이 流出(누출)되어 衰(쇠)해지고 겨울에는 水(물)의 剋(극)함을 받아 가장 衰弱(쇠약)해 진다.

(5) 土=辰戌丑未月(진술축미월) 四季土旺節(사계토왕절)에 가장 旺盛(왕성)하고 여름에도 왕성하나 봄에는 木剋土(목극토)함으로 가장 衰弱(쇠약)해 지고 가을과 겨울에도 氣運(기운)이 流出(누출)되어 衰弱(쇠약)해진다.

十一、五行의

屬宮(속궁)과 性質(성질)

天理(천리)의 오행에는 제각기 屬宮(속궁)과 性質(성질)을 가지고 있는데 예를 들면 오행 金(금)은 方角(방각)으로는 西方(서방) 季節(계절)로는 秋節(가을) 시각으로는 夕(저녁) 氣(기)로는 肅殺之氣(숙살지기) 色(빛)으로는 白色(백색) 성질로는 義(의)를 나타내는 것으로 이것을 구분하면 다음의 표와 같다. 이것은 四柱看命上(사

○ 五行의 屬宮과 性質表

五行方角	季節	一日中	氣	色	性質
金 西	秋	夕	肅殺之氣	白	義
木 東	春	朝	生氣	青	仁
水 北	冬	夜	死氣	黑	智
火 南	夏	晝	旺氣	赤	禮
土 中央四季	季節의	日中天	頓	黃	信

하는 것으로 福祿(복록)을 말하는 것이다.

즉 官祿(관록) 衣食(의식)의 祿(녹)을 말하
는 것인데 이 녹이 사주에 있어 왕성하면
복록이 많으며 출세에 길하다. 건록의 표출
법은 다음과 같다.

(例) 甲祿(갑록)이 在寅(재인)으로 사주의
日干(일간)이 甲이고 支(지)에 寅(인)
이 있으면 인이 건록이 된다. 이 방법
을 다음과 같은 술어로 표시한다(이것
은 암기하는데 편리하다).

甲祿이 在寅이요,
乙祿이 在卯요,
丙戊祿이 在巳요,
丁己祿이 在午요,
庚祿이 在申이요,
辛祿이 在酉요,
壬祿이 在亥요,

十二、建祿(건록)과 貴人法(귀인법)

1 建 祿(건록)

建祿(건록)이란 것은 正祿(정록)이라고도

癸祿이 在子니라.

○ 建祿早見表

日干	甲	乙	丙戊	丁己	庚	辛	壬	癸
祿	寅	卯	巳	午	申	酉	亥	子

2、天乙貴人(천을귀인)

四柱(사주)에 天乙貴人(천을귀인)이 있으면 주위 환경에 도와주는 사람이 많아서 매사에 성공하기 어렵지 않다. 이 貴人法(귀인법)을 表出(표출)하는 법은 사주의 日干(일간)을 기준하는 것이다. 즉 甲戊庚(갑무경)에 牛羊(우양)이 귀인이 되는 것이다.

그리고 牛羊(우)는 곧 丑(축)이요, 羊(양)은 곧 未(미)를 말하는 것으로 이것을 표시하는 법은 다음과 같다.

甲戊庚에 牛羊(牛는 丑, 羊은 未)이 貴人
이요
乙己에 鼠猴卿(鼠는 子, 猴는 申)이 貴人
이요
丙丁에 猪鷄位(猪는 亥, 鷄는 酉)가 貴人
이요
壬癸에 蛇兎藏(蛇는 巳, 兎는 卯)이 貴人
이요
六辛에 逢馬虎(馬는 午, 虎는 寅)가 貴人
이다.

○ 天乙貴人早見表

日干	甲戊庚	乙己	丙丁	壬癸	辛
貴人	丑未	子申	亥酉	巳卯	午寅

사주에 위에서 말한 천을귀인이 있으면 다음과 같은 작용을 한다.

(1) 총명하고 지혜가 많아 흉이 길로 변

한다。

(2) 귀인이 건록、제왕과 같이 있으면 평생동안 복이 많고 관운이 좋다。그리나 空亡(공망)이 같이 있으면 길함이 감소되고 死(사)나 絶(절)이 같이 있으면 복이 없다。

(3) 귀인을 冲(충)、刑(형)、破(파)、害(해) 등이 범하면 평생동안 困苦(곤고)하다。

(4) 귀인과 건록이 같이 있으면 총명하여 글을 잘하며 관록이 있다。

(5) 귀인과 吉星(길성)이 같이 있거나 귀인이 있는 天干(천간)과 干合(간합)하면 출세가 빠르고 사회적으로 신망을 얻어 존경을 받으며 평생 형벌을 받지 아니한다。

(6) 魁罡(괴강)과 같이 있으면 사리에 밝아 世人(세인)의 존경을 받으며 성질도 쾌활하여 義氣男兒(의기남아)가 된다。

(7) 귀인과 건록이 있고 驛馬(역마)가 冲(충)을 당하면 출세하여 명성을 떨친다。

3、天德貴人(천덕귀인)

이 天德貴人(천덕귀인)이 사주에 있으면 천을귀인과 같이 도와주는 사람이 많으며 길한 사주에는 더욱 길하고 만일 凶(흉)이 있어도 이를 감소 시킨다。

○ 天德貴人早見表

日支	寅	卯	辰	巳	午	未	申	酉	戌	亥	子	丑
天德	丁	申	壬	辛	亥	甲	癸	寅	酉	乙	巳	庚

4、月德貴人(월덕귀인)

위의 천덕귀인과 마찬가지로 도와주는 사

람이 많아 길하며 凶(흉)을 감소시킨다。여자 사주에 천덕、월덕의 두 덕이 있으면 현모 양처가 된다。

○ 月德貴人早見表

月支	申子辰	寅午戌	巳酉丑	亥卯未
月德	壬	丙	庚	甲

十三、諸殺法(제살법)

1、桃花殺(도화살)

사주에 이 도화살이 있으면 男女(남녀)를 불문하고 好色家(호색가)로서 淫亂(음란)하여 酒色(주색)으로 敗家(패가)하는 수가 많다。만일 이 殺(살)이 空亡(공망)을 당하면 吉(길)하다。

○ 桃花殺表

年日支	申子辰	寅午戌	巳酉丑	亥卯未
桃花殺	酉	卯	午	子

2、孤辰寡宿殺(고신과숙살)

사주에 이 살이 있으면 남녀간에 부부이별하는 수가 많으며 夫婦運(부부운)이 불길하다。

○ 孤辰寡宿早見表

年支	亥子丑	寅卯辰	巳午未	申酉戌
孤辰	寅	巳	申	亥
寡宿	戌	丑	辰	未

十四、六神(육신)

이 六神(육신)은 五行(오행)의 相生(상

생) 相剋(상극) 相比(상비)에 의하여 생기는 것이다. 예를 들면 아래와 같다.

生我者父母(생아자부모)=나를 낳은 자는 부모요
偏印(편인)·印綬(인수)

我生者子孫(아생자자손)=내가 낳은 자는 자손이요
食神(식신)·傷官(상관)

剋我者官鬼(극아자관귀)=나를 극하는 자는 관귀요
正官(정관)·偏官(편관)

我剋者妻財(아극자처재)=내가 극하는 자는 처재요
正財(정재)·偏財(편재)

比肩者兄弟(비견자형제)=나와 같은 자는 형제이다
比肩(비견)·劫財(겁재)

○ 六神表出早見表

六神 ＼ 日干	甲	乙	丙	丁	戊	己	庚	辛	壬	癸
比肩	甲	乙	丙	丁	戊	己	庚	辛	壬	癸
劫財	乙	甲	丁	丙	己	戊	辛	庚	癸	壬
食神	丙	丁	戊	己	庚	辛	壬	癸	甲	乙
傷官	丁	丙	己	戊	辛	庚	癸	壬	乙	甲
偏財	戊	己	庚	辛	壬	癸	甲	乙	丙	丁
正財	己	戊	辛	庚	癸	壬	乙	甲	丁	丙
偏官	庚	辛	壬	癸	甲	乙	丙	丁	戊	己
正官	辛	庚	癸	壬	乙	甲	丁	丙	己	戊
偏印	壬	癸	甲	乙	丙	丁	戊	己	庚	辛
印綬	癸	壬	乙	甲	丁	丙	己	戊	辛	庚

比肩=日干과 五行이 같고 음양도 같은 것

劫財=日干과 五行은 같으나 음양이 다른 것

食神=日干이 生하는 것으로 음양이 같은 것

傷官=日干이 生하는 것으로 음양이 다른 것

偏財=日干이 剋하는 것으로 음양이

같은 것

正財＝日干이 剋하는 것으로 음양이 같은 것

偏官＝日干을 剋하는 것으로 음양이 다른 것

正官＝日干을 剋하는 것으로 음양이 같은 것

偏印＝日干을 生하는 것으로 음양이 다른 것

印綬＝日干을 生하는 것으로 음양이 같은 것

十五、支藏干法(지장간법)

위의 六神(육신)은 日干을 기준하여 天干(천간)의 육신을 표출한 것이나 地支(지지)에도 各支(각지)마다 二개 내지 四개의 干을 보유하고 있는데 이것은 支속에도 各支마다 干의 理氣(이기)가 들어있기 때문이다

즉 땅속에도 하늘의 기운이 들어있기 때문이다. 이것을 支藏干(지장간)이라 하는데 支의 오행과 더불어 계절에 따라 旺(왕)하기도 하고 衰(쇠)하기도 한다.

○ 支藏干分野表

月支	餘氣	旺生日數	中氣	旺生日數	正氣	旺生日數
寅月	戊(土)	戊丙共司十二日	丙(火)	戊丙共司十二日	甲(木)	十八日
卯月	甲(木)	六日			乙(木)	二十四日
辰月	乙(木)	九日	癸(水)	三日	戊(土)	十八日
巳月	戊(土)	丙戊共司十八日	庚(金)	十二日	丙(火)	丙戊共司十八日
午月	丙(火)	六日			丁(火)	二十四日
未月	丁(火)	九日	乙(木)	三日	己(土)	十八日
申月	己(土)	戊壬共生	壬(水)	戊壬共司十二日	庚(金)	十八日
酉月	庚(金)	六日			辛(金)	二十四日
戌月	辛(金)	九日	丁(火)	三日	戊(土)	十八日
亥月	戊(土)	戊壬同生	甲(木)	十二日	壬(水)	十八日
子月	壬(水)	六日			癸(水)	二十四日
丑月	癸(水)	九日	辛(金)	三日	己(土)	十八日

十六、年上起月法(연상기월법)

甲己之年丙寅頭 (갑기지년병인두)

乙庚之年戊寅頭 (을경지년무인두)

丙辛之年庚寅頭 (병신지년경인두)

丁壬之年壬寅頭 (정임지년임인두)

戊癸之年甲寅頭 (무계지년갑인두)

十七、日上起時法(일상기시법)

甲己夜半甲子時 (갑기야반갑자시)

乙庚夜半丙子時 (을경야반병자시)

丙辛夜半戊子時 (병신야반무자시)

丁壬夜半庚子時 (정임야반경자시)

戊癸夜半壬子時 (무계야반임자시)

十八、十二支時刻表(십이지시각표)

子時初—午后十一時　　丑時初—午前一時

子時正—午前零時　　丑時正—午前二時

寅時初—午前三時　　卯時初—午前五時

寅時正—午前四時　　卯時正—午前六時

辰時初—午前七時　　巳時初—午前九時

辰時正—午前八時　　巳時正—午前十時

午時初—午前十一時　　未時初—午后一時

午時正—午后零時　　未時正—午后二時

申時初—午后三時　　酉時初—午后五時

申時正—午后四時　　酉時正—午后六時

戌時初—午后七時　　亥時初—午后九時

戌時正—午后八時　　亥時正—午后十時

第二章 十二星論(십이성론)

一, 十二支(십이지)와 十二星(십이성)

十二支(십이지)는 子(자) 丑(축) 寅(인) 卯(묘) 辰(진) 巳(사) 午(오) 未(미) 申(신) 酉(유) 戌(술) 亥(해)의 열두 地支(지지)를 말하는 것으로 이 十二地支(십이지지)에 十二天星(십이천성)을 붙여 보면 子(자)에 天貴星(천귀성), 丑(축)에 天厄星(천액성), 寅(인)에 天權星(천권성), 卯(묘)에 天破星(천파성), 辰(진)에 天奸星(천간성), 巳(사)에 天文星(천문성), 午(오)에 天福星(천복성), 未(미)에 天驛星(천역성), 申(신)에 天孤星(천고성), 酉(유)에 天刃星(천인성), 戌(술)에 天藝星(천예성), 亥(해)에 天壽星(천수성)이 각각 붙게 되나니 예를 들면 子年生(자년생) 즉 쥐띠는 天貴星(천귀성)을 얻어 태어난 것이 되고 卯年生(묘년생)인 토끼띠는 天破星(천파성)을 얻어 출생한 것이며 辰年生(진년생)인 용띠는 天奸星(천간성), 巳年生(사년생) 뱀띠는 天文星(천무성), 午年生(오년생) 말띠는 天福星(천복성)을 生年(생년)에 타고 난 셈이된다.

십이지	天星	(한글)	띠
(자)子	天貴星	(천귀성)	쥐 띠
(축)丑	天厄星	(천액성)	소 띠
(인)寅	天權星	(천권성)	범 띠
(묘)卯	天破星	(천파성)	토끼띠
(진)辰	天奸星	(천간성)	용 띠
(사)巳	天文星	(천문성)	뱀 띠
(오)午	天福星	(천복성)	말 띠
(미)未	天驛星	(천역성)	양 띠
(신)申	天孤星	(천고성)	잔나비띠
(유)酉	天刃星	(천인성)	닭 띠
(술)戌	天藝星	(천예성)	개 띠
(해)亥	天壽星	(천수성)	돼지띠

二、看命法(간명법=四柱보는법)

위에서 論(논)한 바와같이 人間(인간)이란 하늘의 열두개 天星(천성)의 正氣(정기)를 타고 人間界(인간계)에 떠러 났기 때문에 天地萬物(천지만물) 가운데서 가장 靈妙(영묘)한 存在(존재)라 할 수 있다, 그렇기 때문에 人間(인간)의 運命(운명)은 天星(천성)의 正氣(정기)에 따라 左右(좌우)되는 것인 즉 天生(천생)에 좋은 별(吉星)을 만나면, 富貴功名(부귀공명)하게 되고 나쁜 별(凶星)을 만나면 困苦貧賤(곤고빈천) 하게 되는 것이다、따라서

各自(각자) 自己(자기)의 生年月日時(생년월일시)를 該当(해당) 되는
天星(천성)에 맞추어 自己(자기) 運命(운명)의 吉凶(길흉)을 鑑定(감
정)하는 것인데 이것을 푸는 법은 다음과 같다.

예를 들면 丁未年(정미년=양띠)
八月(팔월) 二十三日(이십삼일) 卯時
(묘시)에 出生(출생)한 사람일 경우
이 사람의 生年(생년)은 丁未年(정
미년=양띠)인 고로 위의 圖表(도표)
에서 「未」를 찾아 보면 「未」는 곧 天
驛星(천역성)에 該當(해당)하므로
이 사람의 生年(생년=太歲)은 곧
天驛星(천역성)이다, 다음으로 이
사람의 生月(생월)이 八月(팔월)인
고로 이 사람의 生年(생년)인 未(丁
未—天驛星)를 基点(기점)으로 하

여 左(좌)로 生月(생월)인 八月(팔월)까지 세어 나가면 寅(인)에 닿게 된다. 따라서 이 사람의 生月(생월)은 寅(인)이요 寅(인)은 곧 天權星(천권성)에 該當(해당)하므로 이 사람의 生月(생월)은 곧 天權星(천권성)이 된다. 또 이 사람의 生日(생일)은 二十三日(이십삼일)인 곧 이 사람의 生月(생월)인 寅(인)을 基点(기점)으로하여 左(좌)로 生日(생일)인 二十三日(이십삼일)까지 세어 나가면 子(자)에 닿게 된다. 따라서 이 사람의 生日(생일)은 곧 子日(자일)이요 子(자)는 곧 天貴星(천귀성)에 該當(해당)한다. 또 이 사람의 生時(생시)는 卯時(묘시)이므로 이 사람의 生日(생일)인 子(자)를 基点(기점)으로하여 左(좌)로 子(자) 丑(축) 寅(인) 卯(묘)의 順(순)으로 세어 나가면 곧 卯(묘)에 닿는다. 그러므로 이 사람의 生時(생시)는 곧 卯時生(묘시생)이요 卯(묘)는 天破星(천파성)에 該當(해당)하므로 生時(생시)는 곧 天破星(천파성)이 된다. 여기에서 注意(주의)해야 할 일은 萬若(만약) 이 사람의 生日(생일)이 子日(자일)이 아니고 丑日(축일)이나 또는 辰日(진일)일 경우 生時(생시)가 역시 卯時(묘시)라면 이 사람의 生日(생일)인 丑(축) 또는 辰(진)을 基点

(기점)으로 하여 子丑寅卯(자축인묘)
의 順(순)으로 세어 나가게 된다, 즉
辰日 卯時生(진일묘시생)이면 辰(
진)을 基点(기점)으로 하여 子丑
寅卯(자축인묘)의 順(순)으로 세
어 나가게 되는데 이 경우 卯(묘)는
「未」에 닿게되므로 이 사람의 生時(생
시)는 「未」곧 天驛星(천역성)이 된
다, 위에서 論(논)한 바와같이 사람
(인간)의 運命(운명)은 모두 各自
(각자)의 生年月日時(생년월일시)
를 기준하여 鑑定(감정)하는 것으로
天星(천성)에 따라 一生(일생)동안에
미치는 運命(운명)의 時期(시기)는
다음과 같다,

一, 生年(생년)＝太歲 —初年運(초년운)
一, 生月(생월)＝月建 —中年運(중년운)
一, 生日(생일)＝日辰 —末年運(말년운)
一, 生時(생시)＝時間 —總 運(총운)

一. 初年運 (초년운)

初年運은 生年(생년)으로 보나니, 곧 子年生(자년생)이면 子에 天貴星(천귀성)이요, 寅年生(인년생)이면 寅에 天權星(천권성)이요, 丑年生(죽년생)이면 丑에 天厄星(천액성)이니, 위의 그림표와 같이 十二支年(십이지년)에 각각 十二星(십이성)의 명칭을 정하였으니 위의 도표의 순서대로 찾아 보면 되는 것이다.

◎ 보는 법

이 十二星과 年月日時(년월일시)로 찾아 보는 법을 하나만 예를 들면

丁未年(정미년)
八月(팔월)
二十三日(이십삼일)
卯時(묘시)

初年運(초년운)은 生後(생후) 二十歲前(이십세전)까지의 運을 말한다.

이 四柱는 생년이 丁未生(정미생)이므로 우선 年支(년지)에는 未에 天驛星(천역성)이니 年天驛(년천역)으로 초년운을 보나니라.

厄天年

年入天厄　변에 쳔액셩이 되니
初年有厄　초년의 액이 있도다、
凡事阻碍　범사에 장애가 있으며
間有疾病　간간 질병이 있으며
祖業難守　조업은 지키기 어려울 것이요
損財頻頻　도처에서 손재하리라、
莫近是非　시비를 가까이 말라
官灾口舌　관재와 구설이 있도다、
若無此厄　만일 이 같은 액이 없으면
早別天地　일찍 부모와 이별 하리라、

貴天年

年入天貴　변에 쳔귀셩이 되니
心性柔順　심셩이 유순 하리라、
言語忠直　어어가 충직하고
少有固執　고집이 조금 있도다、
修學文章　글 공부를 닦았으면
少年登科　소년등과 하리라、
若非官位　마을 벼슬을 못하면
農事大吉　농사가 마길 하도다、
冠前親患　이십전에 부모의 근심이요
不然身病　그렇지 않으면 신병을 얻으리라、

(권천년) 權天年

少年入天權
년에 천권성이 드니 소년 분주 하리라、

爲人俊秀
위인이 준수 하니

聰明多才
총명하고 재주가 많도다、

若勤學問
만일 학문을 부지런히 배우면

官祿之人
관록을 먹으리라、

廣交千人
널리 천사람을 사귈것이오

權在四方
권세가 사방에 있도다、

貴格雖好
귀격은 비록 좋다하나

一見困厄
한때 곤액을 당하리라、

(파천년) 破天年

年入天破
년에 천파성이 드니 백사가 불성이로다、

百事不成

桃花侵命
도화살이 명에 침입하니

酒色見敗
주색으로 패를 보리라、

雖有世業
비록 세업이 있으나

損財失敗
손재와 실패를 당하리라、

莫信人言
남의 말을 믿지말라

有害無益
해가 올뿐이익은 없도다、

爲人虛妄
동서 분주하니

東西奔走
위인이 허망하도다、

年天奸 （간천년）

年入天奸
智謀過人
能柔能剛
變化無窮
以才成功
名振四方
信才莫濫
反有失敗
琴宮論之
妻妾可知

년에 천간성이 드니
지모가 뛰어 나도다、
능히 유하고 능히 강하니
변화무궁 하리라、
재주로 성공하여
이름을 사방에 떨치도다、
믿는 재주를 함부로 쓰지말라
오히려 실패 수가 있으리라、
금슬궁을 논지하면
처첩을 가히 알지니라、

年天文 （문천년）

年入天文
容貌端正
若勤學問
早年出世
若不學問
勞力生涯
一有難別
琴瑟和樂
早婚不利
晚娶偕老

년에 천문성이 드니
용모가 단정하도다、
만일 부지런히 글을 배우면
일찍 출세하리라、
만일 학문을 못하였으면
노력으로 생애를 마치리라、
한번 이별수가 있으나
금슬은 비록 화목하나
조혼은 불리하니
늦게 얻으면 해로하리라、

福天年

年入天福 년에 천복성이 드니
早年富貴 일찍 부귀 하리라、
聰明多才 총명하고 꾀주가 많으니
人人稱讚 사람마다 칭찬 하도다、
貴人來助 귀인이 와서 도우니
每事如意 매사 여의 하리라、
有德有信 덕이 있고 신의가 있으니
出入公門 공문에 출입하도다、
莫貪過財 지나치게 재물을 탐하지 말라
反有損害 오히려 손해를 입으리라

驛天年

年入天驛 년에 천역성이 드니
食少事煩 먹을 것은 적고 일만 많도다、
在家有憂 집에 있으면 근심이 있고
出則生財 출타 하면 재물이 생기도다、
心中有苦 심중의 고고가 있으니
世事浮雲 세상 일이 뜬 구름이로다、
月落琴床 달이 금상에 떨어졌으니
未免叩盆 상처를 면치 못하리라、
周遊天下 천하를 두루 다니며
以商得財 장사로 재물을 모으도다、

孤天年

年入天孤　心性閑逸
번에 천고성이 두니
심성이 한일 하리라、

塞北歸雁　秋月孤飛
북녘길이 막힌 기러기
가을 달밤에 외로히 날도다、

若非風霜　累經疾病
만일 풍상이 아니면
자주 질병을 겪으리라、

雁宮論之　東西各飛
형제궁을 누지하면
동서로 각각 날도다、

身雖孤獨　財帛隨身
몸은 비록 고독하나
재물은 몸에 따르리라、

刃天年

年入天刃　性堅固執
년에 천이성이 두니
성품이 곧고 고집이 많으리라、

若無身厄　道觀僧堂
만일 신액이 없으면
중이 될 운명이로다、

生少用大　損財之數
적게 벌어서 많이 쓰니
손재수가 있으리라、

平生隱愁　傍人何知
평생의 숨은 근심을
곁의 사람이 어찌 알리오、

幼無疾病　手足有欠
어려서 질병이 없으면
수족에 험이 있으리라、

| (수 천 년) 壽 天 年 | (예 천 년) 藝 天 年 |

年入天藝　년예 쳔여셩이 드니
智謀過人　지모가 뛰어 나도다.
目巧手技　눈이 정교하고 손재주가 잇셔
日日興財　날로 흥재 하리라.
衣食有足　의식이 풍족하니
安過歲月　펀히 셰월을 보내리라.
百年琴宮　백년의 금슬궁이
不調之嘆　고루지 못하니 한숨겹다.
若不然也　그렇지 아니하면
早子難養　이른아들은 길르기 어려우리라.

一年入天壽　년예 쳔수셩이 드니
一身孤單　일신이 고단하도다.
若非獨身　만일 독신이 아니면
許多風霜　풍상이 허다 하리라.
性雖無僞　셩품은 거짓이 없으나
口舌損財　구설과 손재수가 잇으리라.
莫恨初苦　초년의 곤고를 한탄말라
立後榮華　삼십후는 영화로다.
十人耕之　열사람이 갈이하여
一人食之　한 사람이 먹으리라.

二、中年運(중년운)

中年運(중년운)은 初年運(초년운)에서 生月(생월)을 加(가)하여 보나니, 二十後四十이전의 運(운)을 說明(설명)한 것이니라.

◎ 보는 법

丁未年
八月
二十三日
卯時

中年運(중년운)은 生月(생월)로 月天權(월천권)이 된다.

初年運(초년운)에 丁未年(정미년)이니 즉 年天驛(년천역)이요, 년천역에서 生月(생월)인 八月(팔월)을 加(가)하여 짚으면 寅(인)자리가 되니 즉 寅(인)은 天權(천권)이며 月(월)로 짚었으니 月天權(월천권)이 되나니라.

生月(생월) 빨리 찾는 법(早見表)(一)

生年 (생년)	天貴星 (천귀성)	天厄星 (천애성)	天權星 (천권성)	天破星 (천파성)	天奸星 (천간성)	天文星 (천문성)
子(자)	正月	二月	三月	四月	五月	六月
丑(축)	十二月	正月	二月	三月	四月	五月
寅(인)	十一月	十二月	正月	二月	三月	四月
卯(묘)	十月	十一月	十二月	正月	二月	三月
辰(진)	九月	十月	十一月	十二月	正月	二月
巳(사)	八月	九月	十月	十一月	十二月	正月
午(오)	七月	八月	九月	十月	十一月	十二月
未(미)	六月	七月	八月	九月	十月	十一月
申(신)	五月	六月	七月	八月	九月	十月
酉(유)	四月	五月	六月	七月	八月	九月
戌(술)	三月	四月	五月	六月	七月	八月
亥(해)	二月	三月	四月	五月	六月	七月

生年 (생년)	天福星 (천복성)	天驛星 (천역성)	天孤星 (천고성)	天刃星 (천인성)	天藝星 (천예성)	天壽星 (천수성)
子(자)	七月	八月	九月	十月	十一月	十二月
丑(축)	六月	七月	八月	九月	十月	十一月
寅(인)	五月	六月	七月	八月	九月	十月
卯(묘)	四月	五月	六月	七月	八月	九月
辰(진)	三月	四月	五月	六月	七月	八月
巳(사)	二月	三月	四月	五月	六月	七月
午(오)	正月	二月	三月	四月	五月	六月
未(미)	十二月	正月	二月	三月	四月	五月
申(신)	十一月	十二月	正月	二月	三月	四月
酉(유)	十月	十一月	十二月	正月	二月	三月
戌(술)	九月	十月	十一月	十二月	正月	二月
亥(해)	八月	九月	十月	十一月	十二月	正月

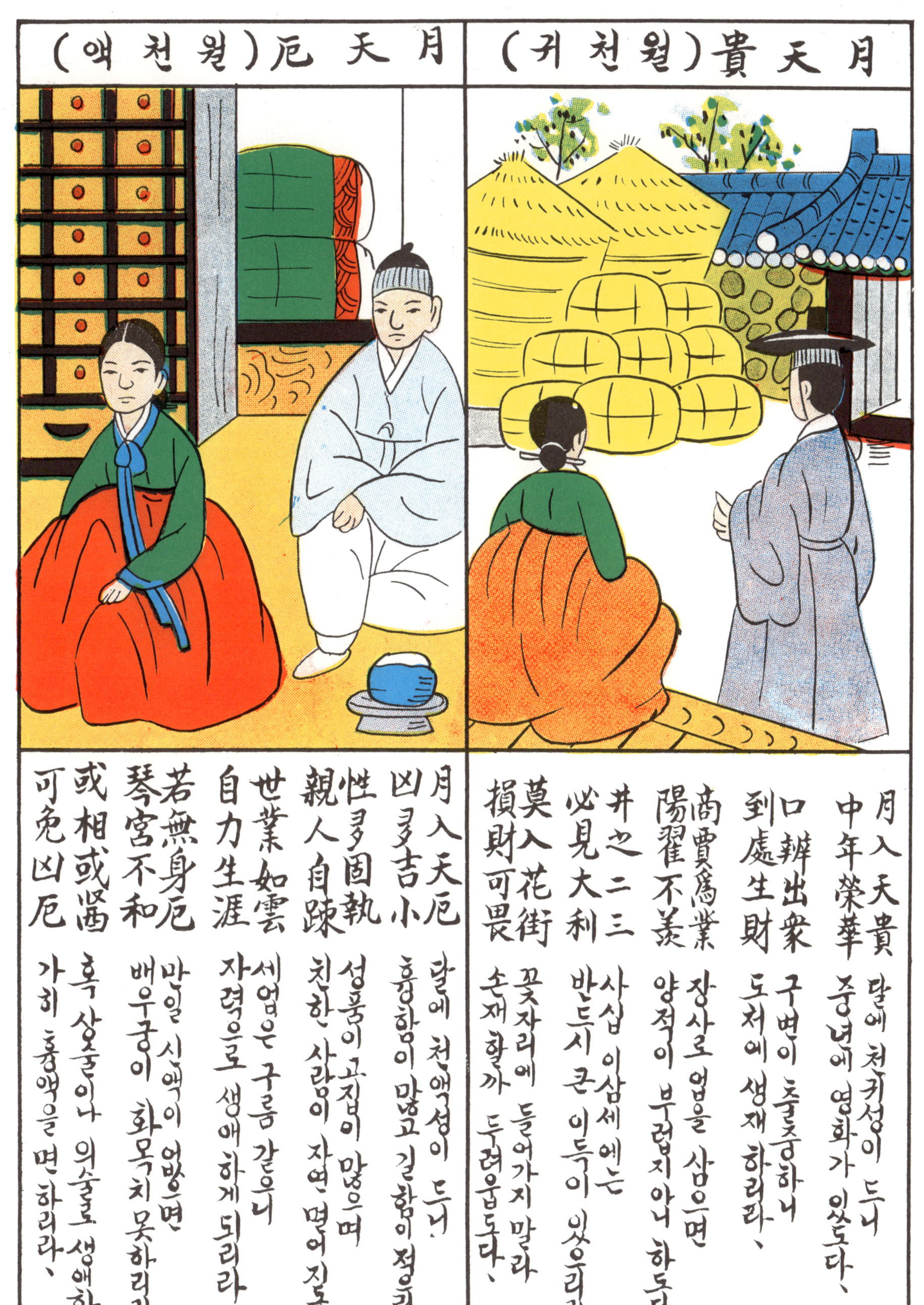

<table>
<tr><td>

（액천월）厄天月

月入天厄　달에 천액성이 드니

凶多吉小　흉함이 많고 길함이 적으리라、

性多固執　성품이 고집이 많으며

親人自疎　친한 사람이 자연 멀어 지도다、

世業如雲　세업은 구름 같으니

自力生涯　자력으로 생애 하게 되리라、

若無身厄　만일 시액이 없으면

琴宮不和　배우궁이 화목치 못하리라、

或相或啞　혹 상술이나 의술로 생애하면

可免凶厄　가히 흉액을 면 하리라、

</td><td>

（귀천월）貴天月

月入天貴　달에 천귀성이 드니

中年榮華　중년에 영화가 있도다、

口辨出衆　구변이 출중하니

到處生財　도처에 생재 하리라、

商賈爲業　장사로 업을 삼으면

陽翟不羨　양적이 부럽지아니 하도다、

井之二三　사십 이삼세 에는

必見大利　반드시 큰 이득이 있으리라、

莫入花街　꽃자리에 들어가지 말라

損財可畏　손재 할까 두려웁도다、

</td></tr>
</table>

（권천월） 權天月　　（파천월） 破天月

（권천월） 權天月

月入天權 衣食豐足
달에 천권성이 드니 의식이 풍족하리라、

修身養德 可稱君子
몸을 닦고 덕을 쌓으니 가히 군자라 칭하리라、

立身揚名 名播遠近
입신 양명하여 이름을 원근에 떨치리라、

千金家産 榮華無窮
천금의 가산이 영화가 무궁하도다、

貴格如此 一身非命
귀격은 이 같으나 한때 비명의 액이 있으리라、

（파천월） 破天月

月入天破 一身事煩
달에 천파성이 드니 일신이 번사롭다、

方病大腫 身藏大欠
신병과 종기가 많으며 몸에 큰 험을 지니리라、

官厄常隨 勿事輕率
관액이 항시 따르니 경솔한 일을 하지 말라、

中年之數 家産大敗
중년의 운수는 가산을 크게 패하리라、

踰山渡水 重重風霜
산을 넘고 물을 건느니 풍상이 중중하도다、

月入天奸
中年有厄　달에 천간성이 드니 중년에 액수가 있도다、
智謀過人　지모가 과인 하나
不信人言　남의 말을 믿지 아니 하리라、
千金自散殺　천금이 스스로 흩어 지도다、
雖無敗殺　비록 패살은 없으나
若無官厄　만일 관액이 아니면
堂上有憂　부모의 근심이 있으리라、
早不學問　일찍 글 공부를 못하였으면
身勢困苦　신세가 곤고 하리라、

月入天文
文筆有餘　달에 천문성이 드니 문필이 출중 하리라、
爲人俊秀　위인이 준수 하니
以一當百　하나로서 백을 당하리라、
雖無世業　비록 세업은 없다 하나
赤手致富　빈손으로 치부 하리라、
官位一品　관위가 일품에 오르니
萬人仰視　만인이 우러러 보도다、
若非官祿　만일 관록이 아니면
醫術生涯　의술로 생애 하리라)

福 天 月 （복천월）

月入天福
달에 천복성이 드니
鼠入秋庫
쥐가 가을 곡간에 들었도다、
財源如泉
재물이 샘과 같으리라、
中年之數
중년의 신수는
福祿有餘
복록이 넘치나니
以濟貧窮
비궁한 사람을 구제하도다、
莫嘆配宮
배우궁을 한탄마라
不然多病
불연이면 병이 많으리라、
猛虎出林
맹호가 수풀에서 나오니
到處有權
권세가 도처에 있도다、

驛 天 月 （역천월）

月入天驛
달에 천역성이 드니
虛度世事
만사를 헛되게 보내리라、
居家不安
집에 거하면 불안하며
出他心閑
출타하면 마음이 한가롭다、
有始無終
시작은 있으나 끝이 없으니
行如浮雲
뜬 구름같이 다니리라、
樂極生悲
즐거움이 극에 일으면 비우이 오나니
一成一敗
한번 이루고 한번 패하도다、
幾年困窮
몇년을 곤궁하게 지냈으니
始得安身
비로서 몸이 편안하게 되리라、

月入天孤하니 一身이 孤單하리라、
梧桐秋夜에 오동추야에 달아래 외로히 섰도다、
孤立月下
身如浮萍 몸이 부평과 같으니
四海爲家 사해로 집을 삼으리라、
守分上策 분수를 지킴이 상책이니
妄動不利 망동하면 불리 하도다、
無主香火 주인없는 제사를
奉祀爲好 봉사 하면 좋으리라

月入天刃 달에 천인성이 드니
身有疾病 몸에 질병이 있으리라、
若無腫患 만일 종기가 없으면
落傷難免 낙상수를 면치 못하리라、
木工生涯 목공으로 생애 하라
可免此厄 가히 이 액을 면하리라、
平生之事 평생의 일은
有頭無尾 머리는 있으되 꼬리가 없도다、
守舊安靜 옛것을 지키고 안정하면
有人來助 도와 주는이가 있으리라、

月入天藝
才藝超衆
才藝가 출중 하리라、
달에 천예성이 드니

手巧過人
以此得名
이로써 이름을 얻도다、
소재주가 과인 하니

雖無世業
自手成家
자수성가 하게 되리라、
비록 세업이 없다 하나

若非功名
東西流離
동서 유리 하도다、
만일 공명을 얻지 못하면

藝術生涯
安過平生
안과 평생 하리라、
예술로 생애 하라

月入天壽
東西奔走
동서에 분주 하도다、
달에 천수성이 드니

一身孤單
數也奈何
운이라 어찌 하리오、
일신이 고단함은

一喜一悲
吉凶相反
길과 흉이 반반 이로다、
한번 기쁘고 한번 슬프니

冠后多困
立后開運
삼십 후는 운이 열리리라、
이십후는 고고가 많으나

親人爲敵
一被其害
한번 그 해를 입도다、
친한 사람이 적이되니

三、末年運 (말년운)

末年運(말년운)은 中年運(중년운)에서 生日(생일)을 加(가)하여 짚어보는 것이니 四十이후의 吉凶(길흉)을 說明(설명)함이니라.

보는법

丁未年
八月
二十三日
卯時

末年運(말년운)에 生日(생)일로 日天貴(일천귀)가 된다.

설명= 初年運(초년운)에 年天驛(년천역)이요 中年運(중년운)에 月天權(월천권)이니 월천권에서 生日(생일)인 二十三일을 짚어 나가면 子(자)의 天貴星(천귀성) 자리에 닿는다, 이 天貴星(천귀성)이 生日(생일)을 加(가)한 고로 日天貴(일천귀)가 되니라.

生日(생일) 빨리 찾아 보는법(早見表) (三)

生月/生星	天貴星 (일천귀성)	天厄星 (일천액성)	天權星 (일천권성)	天破星 (일천파성)	天奸星 (일천간성)	天文星 (일천문성)
(子) 자	25日 13,1	26日 14,2	27日 15,3	28日 16,4	29日 17,5	30日 18,6
(丑) 축	日 24,12	25日 13,1	26日 14,2	27日 15,3	28日 16,4	29日 17,5
(寅) 인	日 23,11	日 24,12	25日 13,1	26日 14,2	27日 15,3	28日 16,4
(卯) 묘	日 22,10	日 23,11	日 24,12	25日 13,1	26日 14,2	27日 15,3
(辰) 진	日 21,9	日 22,10	日 23,11	日 24,12	25日 13,1	26日 14,2
(巳) 사	日 20,8	日 21,9	日 22,10	日 23,11	日 24,12	25日 13,1
(午) 오	日 19,7	日 20,8	日 21,9	日 22,10	日 23,11	日 24,12
(未) 미	30日 18,6	日 19,7	日 20,8	日 21,9	日 22,10	日 23,11
(申) 신	29日 17,5	30日 18,6	日 19,7	日 20,8	日 21,9	日 22,10
(酉) 유	28日 16,4	29日 17,5	30日 18,6	日 19,7	日 20,8	日 21,9
(戌) 술	27日 15,3	28日 16,4	29日 17,5	30日 18,6	日 19,7	日 20,8
(亥) 해	26日 14,2	27日 15,3	28日 16,4	29日 17,5	30日 18,6	日 19,7

일천수성 (日天壽星)	일천예성 (日天藝星)	일천인성 (日天刃星)	일천고성 (日天孤星)	일천역성 (日天驛星)	일천복성 (日天福星)	생월(月) 생일천성(日天星)
日 24,12	日 23,11	日 22,10	日 21,9	日 20,8	日 19,7	(子) 자
日 23,11	日 22,10	日 21,9	日 20,8	日 19,7	日 30 18,6	(丑) 축
日 22,10	日 21,9	日 20,8	日 19,7	日 30 18,6	日 29 17,5	(寅) 인
日 21,9	日 20,8	日 19,7	日 30 18,6	日 29 17,5	日 28 16,4	(卯) 묘
日 20,8	日 19,7	日 30 18,6	日 29 17,5	日 28 16,4	日 27 15,3	(辰) 진
日 19,7	日 30 18,6	日 29 17,5	日 28 16,4	日 27 15,3	日 26 14,2	(巳) 사
日 30 18,6	日 29 17,5	日 28 16,4	日 27 15,3	日 26 14,2	日 25 13,1	(午) 오
日 29 17,5	日 28 16,4	日 27 15,3	日 26 14,2	日 25 13,1	日 24,12	(未) 미
日 28 16,4	日 27 15,3	日 26 14,2	日 25 13,1	日 24,12	日 23,11	(申) 신
日 27 15,3	日 26 14,2	日 25 13,1	日 24,12	日 23,11	日 22,10	(酉) 유
日 26 14,2	日 25 13,1	日 24,12	日 23,11	日 22,10	日 21,9	(戌) 술
日 25 13,1	日 24 24,12	日 23,11	日 22,10	日 21,9	日 20,8	(亥) 해

日入天貴　낮에 쥐키성이 드니
守舊安常　옛것을 지킴이 좋으리라、
每當危處　매양 위태로움에 처하나
變化無窮　벼화가 무궁하도다、
性急如火　성품이 불같이 급하며
又有固執　또한 고집이 있으리라、
至於末年　말년운에 이르면
可得功名　가히 공명을 얻도다、
若非功名　만일 벼슬을 못하면
商業大吉　상업이 대길 하리라、

日入天厄　일에 천액성이 드니
身厄常隨　몸에 액이 항시 따르리라、
登舟必慎　배에 오름을 조심하라
難免水厄　수액을 면키 어려웁도다、
致誠竜王　용왕에 지성 하면
可免此数　가히 이 액을 면 하리라、
明珠沉海　밝은 구슬이 바다에 잠겼으니
失意之嘆　뜻을 잃은 탄식이 오도다、
若非喪妻　만일 상처 수가 아니면
克子可畏　자식궁에 액이 있으리라、

（권천일）權天日

日入天權　날에 천권성이 드니
官祿之人　관록을 먹을 사람이로다
君前受命　임금앞에서 명을 받으니
文武之才　문무를 겸전한 꺼주로다
旱苗逢雨　가물은 풀이 비를 만나니
其色更新　그 빛이 새로와 지리라
平生之事　평생의 일은
權道用之　권도로만 생애 하도다
如干財物　약간의 재물을
或成或敗　혹 일루고 혹 패 하리라

（파천일）破天日

日入天破　날에 천파성이 드니
家勢貧困　가세가 빈곤하리라
事不如意　일이 뜻같이 아니되니
心思不閑　심사가 하가 하지 못하도다
活人救濟　활인구제 한 공력이
養虎爲患　범을 기른 근심이 되리라
多有疾病　질병이 많이 있을 것이오
不然官厄　그렇지 아니하면 관액이 있도다
平生之事　평생의 일은
善無功德　잘한일에 공덕이 없으리라

奸天日 （간천일）

日入天奸　坐謀平生
蛟龍得雲　變化無窮
天思厚重　必及高官
或有災厄　自然消滅
莫近酒色　恐或成病

날에 천가성이 드니 앉아서 평생일을 도모 하도다、
교룡이 구름을 얻었으니 변화가 무궁 하리라、
천은이 후중하니 반드시 고관에 미치리라、
혹 후간의 재앙이 있다 하나 자연히 소멸 하리라、
주색을 가까이 말라 병을 얻을까 두려웁도다、

文天日 （문천일）

日入天文　末年榮華
用心正直　世稱君子
若勤學問　名掛龍門
若不然也　配宮不吉
衣食豊足　安過平生

날에 천문성이 드니 말년에 영화를 얻으리라、
마음을 정직하게 쓰니 세상이 군자라 칭하도다、
만일 학문을 닦았으면 용문에 이름을 걸리라、
그렇지 아니 하면 처궁이 불길 하도다、
의식이 풍족하니 안과 평생 하리라、

福天日

日入天福　날에 천복성이 드니
福祿昌盛　복록이 창성 하리라、
才藝非常　재예가 비상 하니
必爲大人　반드시 대인에 미치리라、
商賈爲業　장사로 업을 삼으면
手弄千金　손으로 천금을 희롱 하리라
門戶榮華　문호에 영화 잇스니
必得富名　반드시 부명을 얻도다、
五十年光　오십지년에는
非命注意　비명의 액을 조심 하라、

驛天日

日入天驛　날에 천역성이 드니
出入頻々　출입이 빈번 하리라、
驛馬到門　역마가 문에 이르니
商業有利　상업이 유리 하도다、
在家不利　집에 잇스면 불리 하고
出則快樂　출타 하면 쾌락 하리라、
莫貪過慾　지나친 욕심을 탐내지 말라
反爲損財　오히려 손재 하리라、
夫婦相別　부부간에 이별이 잇스나
后必相逢　뒤에 반드시 상봉 하리라、

日入天孤　날에 천고성이 드니
出系之数　출계할 운수로다、
有誰相論　누구와 더불어 담론할고
春林獨鳥　봄수풀의 외로운 새로다、
才智聰明　지혜가 총명하나
每嘆失数　매양 실수함을 탄식하리라、
春蘭秋菊　봄난초와 가을국화는
自有其時　제각기 때가 있나니라、
莫恨初困　초년의 곤고를 탄식마라
末年逢貴　말년에 귀함을 만나리라、

日入天刃　날에 천인성이 드니
飛鳥傷翼　나르는 새가 날개를 상했도다、
蒙人之害　남의 뭉띄을 입어 해를 보니
累年風波　여러해 풍파로다、
出入酒肆　술거리를 출입하니
損財不少　손재가 적지 않으리라、
祖基不利　옛터는 불리하니
難鄉爲吉　이사하면 길하니라、
若無身欠　만일 몸에 허물이 없으면
手足有欠　수족에 허물이 있으리라、

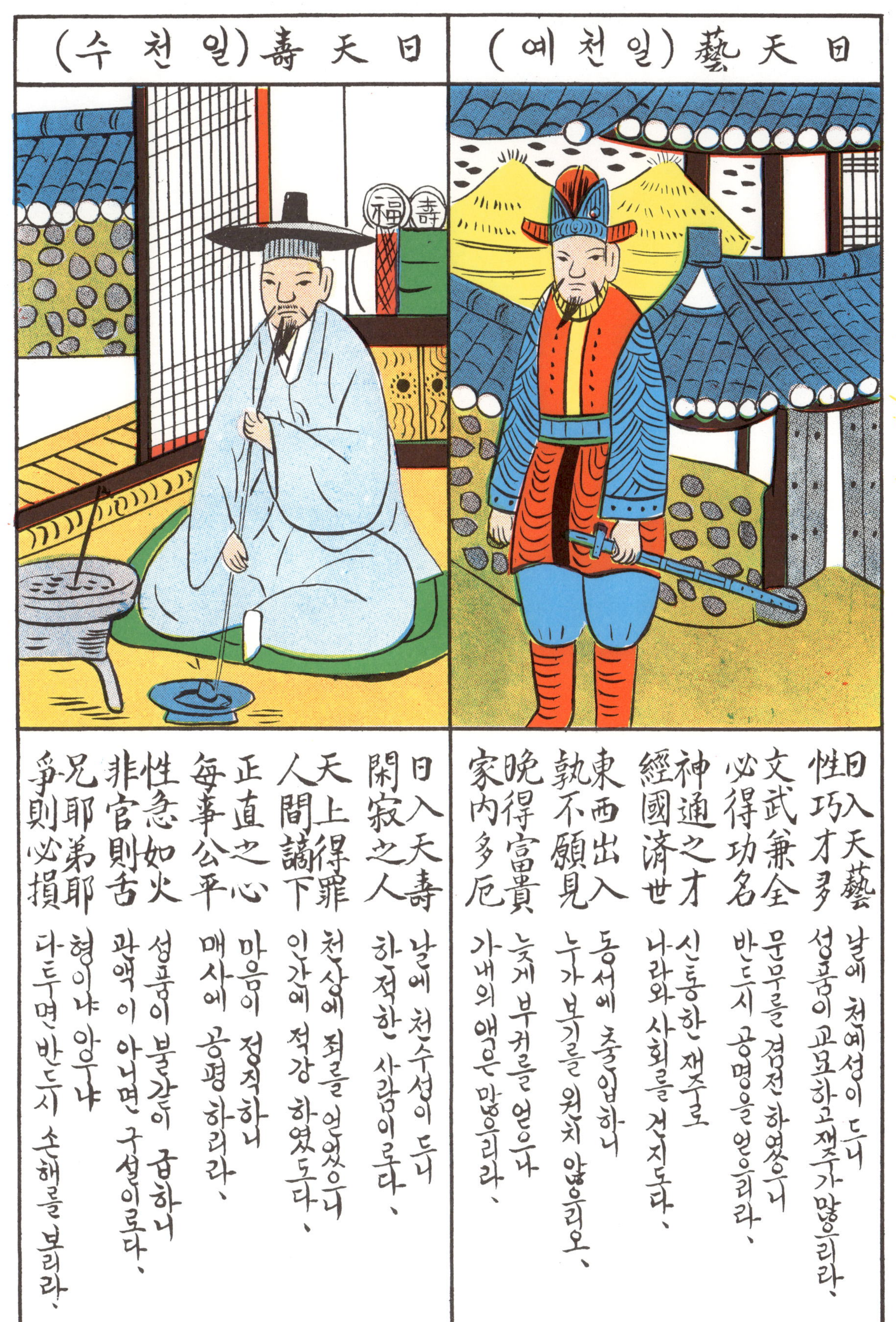

日天藝（예천일）

日入天藝　性巧才多
날에 천예성이 드니 성품이 교묘하고 재주가 많으리라、

文武兼全　必得功名
문무를 겸전 하였으니 반드시 공명을 얻으리라、

神通之才　經國濟世
신통한 재주로 나라와 사회를 건지도다、

東西出入　執不願見
동서에 출입하니 누가 보기를 원치 않으리오、

晚得富貴　家內多厄
늦게 부귀를 얻으나 가내의 액운 많으리라、

日天壽（수천일）

日入天壽　閑寂之人
날에 천수성이 드니 한적한 사람이로다、

天上得罪　人間讁下
천상에 죄를 얻었으니 인간에 적강 하였도다、

正直之心　每事公平
마음이 정직하니 매사에 공평하리라、

性急如火　非官則舌
성품이 불같이 급하니 관액이 아니면 구설이로다、

兄耶弟耶　爭則必損
형이냐 아우냐 다투면 반드시 손해를 보리라、

四、總 運(종 운)

總運(종운)은 초년에서 말년까지를 一括(일괄)하여 보는 것인바 末年運(말년운)에다 生時(생시)를 加(가)하여 보느니라.

天貴星(천귀성) 子(자)
天厄星(천액성)
天壽星(천수성)
天藝星(천예성)

보는 법

丁未年
八月
二十三日
卯時

總運(종운)에 生時(생시)로 時天破(시천파)가 되다、

설명= 초년운에 생년으로 年天驛(년천역)이오, 중년운에 생월을 加(가)하여 月天權(월천권)이오 말년운에 생일을 加하여 日天貴(일천귀)니 이 日天貴 자리에서 生時인 卯時(묘시)를 짚으면 卯(묘)에 天破星(천파성)이 당는다、이 天破星(천파성)은 生時(생시)를 加한 고로 時天破(시천파)가 되누니라、

時間(시간) 빨리 찾아 보는 법(早見表)(三)

生日天(생일천)·生時天(생시천) 時天星	時天貴星 (시천귀성)	時天厄星 (시천액성)	時天權星 (시천권성)	時天破星 (시천파성)	時天奸星 (시천간성)	時天文星 (시천문성)
(자)子	(자)子	(축)丑	(인)寅	(묘)卯	(진)辰	(사)巳
(축)丑	(해)亥	(자)子	(축)丑	(인)寅	(묘)卯	(진)辰
(인)寅	(술)戌	(해)亥	(자)子	(축)丑	(인)寅	(묘)卯
(묘)卯	(유)酉	(술)戌	(해)亥	(자)子	(축)丑	(인)寅
(진)辰	(신)申	(유)酉	(술)戌	(해)亥	(자)子	(축)丑
(사)巳	(미)未	(신)申	(유)酉	(술)戌	(해)亥	(자)子
(오)午	(오)午	(미)未	(신)申	(유)酉	(술)戌	(해)亥
(미)未	(사)巳	(오)午	(미)未	(신)申	(유)酉	(술)戌
(신)申	(진)辰	(사)巳	(오)午	(미)未	(신)申	(유)酉
(유)酉	(묘)卯	(진)辰	(사)巳	(오)午	(미)未	(신)申
(술)戌	(인)寅	(묘)卯	(진)辰	(사)巳	(오)午	(미)未
(해)亥	(축)丑	(인)寅	(묘)卯	(진)辰	(사)巳	(오)午

生日天(생일천)·生時天(생시천) 時天星	時天福星 (시천복성)	時天驛星 (시천역성)	時天孤星 (시천고성)	時天刃星 (시천인성)	時天藝星 (시천예성)	時天壽星 (시천수성)
(자)子	(오)午	(미)未	(신)申	(유)酉	(술)戌	(해)亥
(축)丑	(사)巳	(오)午	(미)未	(신)申	(유)酉	(술)戌
(인)寅	(진)辰	(사)巳	(오)午	(미)未	(신)申	(유)酉
(묘)卯	(묘)卯	(진)辰	(사)巳	(오)午	(미)未	(신)申
(진)辰	(인)寅	(묘)卯	(진)辰	(사)巳	(오)午	(미)未
(사)巳	(축)丑	(인)寅	(묘)卯	(진)辰	(사)巳	(오)午
(오)午	(자)子	(축)丑	(인)寅	(묘)卯	(진)辰	(사)巳
(미)未	(해)亥	(자)子	(축)丑	(인)寅	(묘)卯	(진)辰
(신)申	(술)戌	(해)亥	(자)子	(축)丑	(인)寅	(묘)卯
(유)酉	(유)酉	(술)戌	(해)亥	(자)子	(축)丑	(인)寅
(술)戌	(신)申	(유)酉	(술)戌	(해)亥	(자)子	(축)丑
(해)亥	(미)未	(신)申	(유)酉	(술)戌	(해)亥	(자)子

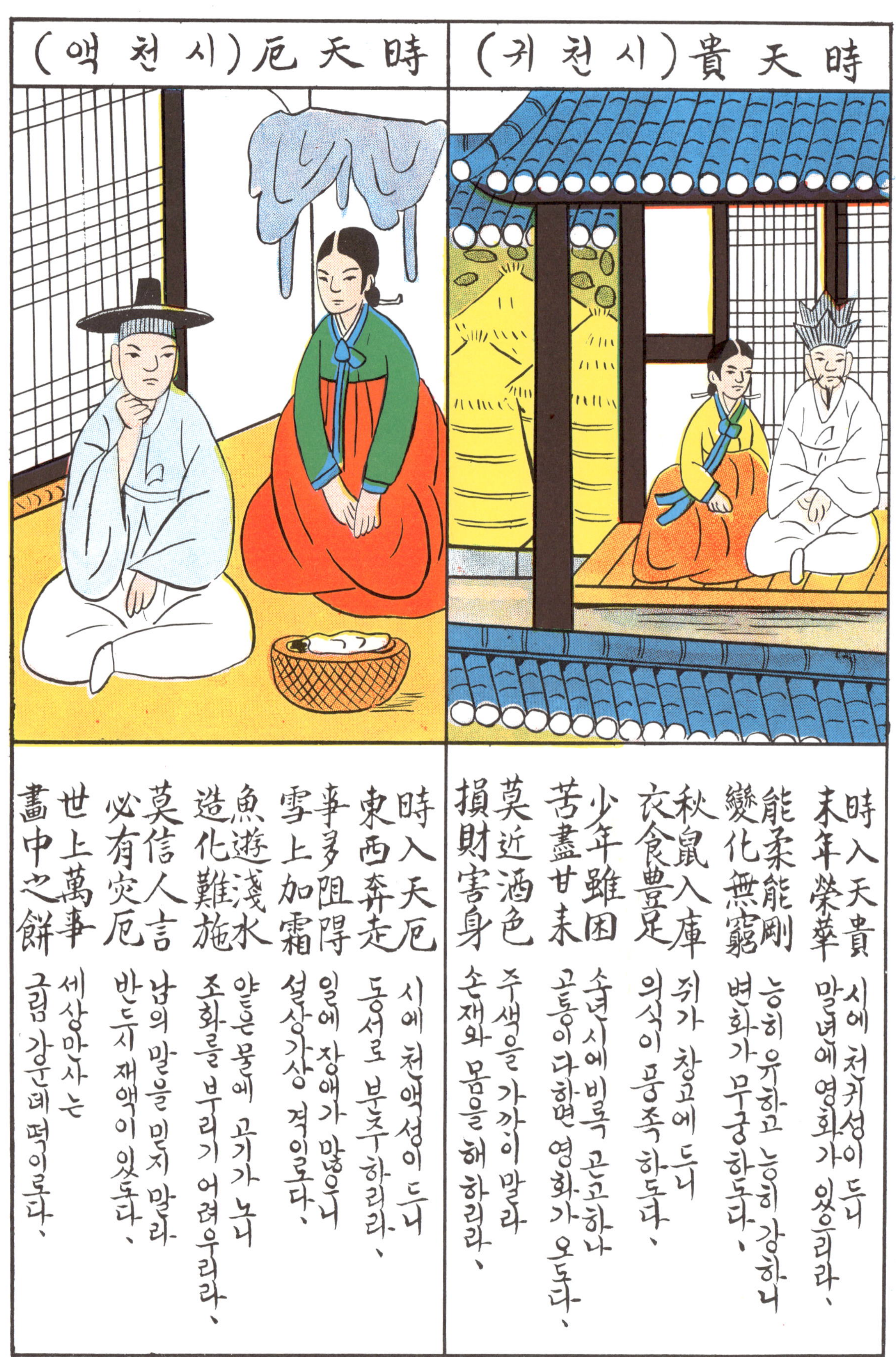

右：

時入天貴　시에 쳐귀셩이 드니
末年榮華　말년에 영화가 잇으리라、
能柔能剛　능히 유하고 능히 강하니
變化無窮　변화가 무궁하도다、
秋鼠入庫　쥐가 창고에 드니
衣食豊足　의식이 풍족하도다、
少年雖困　소년시에 비록 곤고하나
苦盡甘來　고통이 다하면 영화가 오도다、
莫近酒色　주색을 가까이 말라
損財害身　손재와 몸을 해하리라、

左：

時入天厄　시에 쳔액셩이 드니
東西奔走　동서로 분주하리라、
事多阻隔　일에 장애가 많으니
雪上加霜　설상가상 격이로다、
魚遊淺水　얕은 물에 고기가 노니
造化難施　조화를 부리기 어려우리라、
莫信人言　남의 말을 믿지 말라
必有災厄　반드시 재액이 잇도다、
世上萬事　세상만사는
畫中之餅　그림 가운데 떡이로다、

（권천시）權天時

時入天權　시에 쳔권성이 드니
爲人俊秀　위인이 준수 하도다、
少用其才　그 재주를 적게 쓸지라도
救済萬人　만인을 구제 하리라、
身出駅路　몸이 얼로에 나오매
權在四方　쳔세가 사방에 있도다、
若非官祿　만일 관록이 아니면
以商爲業　상업으로 업을 삼으리라、
莫入是非　시비 가운데 들지 말라
口舌難免　구설을 면키 어려우리라、

（파천시）破天時

時入天破　시에 쳔파성이 드니
聰明不足　총명함이 부족 하리라、
虛費心力　심력만 허비할 뿐이로다、
以沙防川　모래로 냇물을 막으니
井后命運　사십후 오십의 운은
餓虎逢肉　주린 범이 고기를 만남이라、
老來富豪　늙어서 부호가 될 것이요
膝下之榮　슬하에 영화가 있으리라、
閱盡白首　백수가 다 하도록 열역하니
風霜如夢　풍상이 꿈과 같도다、

奸天時 (간천시)

時入天奸
一成一敗

시에 천간성이 드니 한번 이루고 한번 패하리라、

智慧出衆
口辯有餘

지혜가 출중하고 구변이 유여하도다、

在家有利
出則損財

집에 있으면 유리하고 출타하면 손재하리라

出入官門
難免長沙

관문에 출입하면 과액을 면치 못하리라、

商業從事
衣食豊足

상업에 종사하라 의식이 풍족하리라、

文天時 (문천시)

時入天文
豪傑之人

시에 천문성이 드니 호걸지인이로다、

出入聚財
衣食足々

출입하며 재물을 모으니 의식이 넉넉하도다、

博學多識
孰不願見

많이 배워서 학식이 풍부하니 누가 보기를 원치 않으리요、

平生所忌
一見火厄

평생 꺼릴바는 화재수를 조심하라、

若非官祿
妻憂子患

만일 벼슬을 못하면 아내의 근심과 자식의 액이로다、

| （역천시）驛天時 | （복천시）福天時 |

（복천시）福天時

時入天福　시에 천복성이 드니
富豪之命　부호의 명이로다、
高樓巨閣　골루거각에 앉아
錦衣玉食　금의옥식으로 지내리라、
立身揚名　입신양명 하니
一身榮貴　일신이 영귀 하도다、
雖有譽辞　비록 명예는 있다 하나
一有疾厄　하때 병액이 있으리라、
末年之運　말년의 운은
子孫榮華　자손의 영화로다、

（역천시）驛天時

時入驛馬　시에 천역성이 드니
奔走南北　남북에 분주 하리라、
異域風霜　이역의 풍상으로
一時困苦　하때 곤고 하도다、
心厄不絶　마음의 액이 끊이지 않으니
世事浮雲　세상일이 뜬 구름이로다、
六親無德　육친이 무덕할 것이요
不然叩盆　불연이면 상처 하리라、
周遊天下　천하를 두루 다니니
以商得財　장사로 재물을 모으도다、

（고천시）孤天時

時入天孤　시에 천고성이 드니

末年孤單　말년에 고단 하리라、

形影相依　형상과 그림자가 의지할 뿐이니

何人來助　누가와서 도와 주리요、

手段則好　비록 수단은 좋으나

成敗頻々　성패가 빈번 하리라、

恩人爲仇　은인이 원수가 되니

勞而無功　수고를 하되 공이 없도다、

難免孤獨　비록 고독함을 면하기 어려우나

富名可期　가히 부명을 기약 하리라、

（인천시）刃天時

時入天刃　시에 천인성이 드니

一時困厄　한때 곤액이 있으리라、

爲人俊秀　위인은 준수하나

不遇時機　좋은 때를 만나지 못하였도다、

遍踏江山　강산을 편답하며

天地爲家　천지로 집을 삼으리다、

行善積德　선을 행하고 덕을 쌓은뒤

以待天命　하늘의 명을 기다리라、

厄運自消　액운이 스스로 사라지고

后必榮華　뒤에 반드시 영화가 있으리라、

時入天壽 시에 천수성이 드니
白首閒暇 백수에 한가 하리라、
衣食豊足 의식이 풍족 하니
萬事如意 만사가 여의 하도다、
無事無愁 몸이 편하고 근심이 없으니
壽到八十 수가 팔십에 일리라、
琴瑟不調 금슬이 고르지 못하니
或有妻妾 혹 처첩을 두리라、
莫恨初困 초년의 고함을 한탄하지 마라
后分太平 후에 태평 하리라

時入天藝 시에 천예성이 드니
弱馬駄重 약한말에 짐이 무겁도다、
鵲巢鳩居 까치가 비둘기집에 거하니
累次移宅 여러번 이사 하리라、
托身公門 공문에 출입하면
以才成功 재주로써 성공하리라、
六親無德 육친의 덕이 없으니
赤手成家 적수성가 하리라、
指東作西 동쪽을 가리키고 서쪽을 짓으니
機計變化 기계변화가 있도다、

第二章 人命骨格、流年、및 心性宮(이명골격유년밎심성궁)

一、人命 骨格論(이명골격론)

人命骨格(이명골격)은 鼠牛虎兎 龍蛇、馬羊、猴鷄、狗猪(서우호 토、용、사、마、양、후、계、구、저) 등의 十二獸(심이수)에 比較하여 骨格(골격) 및 性品(성품)을 說明(설명)한 것이다.

◎ 보는 법

보는법은 生年(생년)과 生月(생월)로 보나니 子年、丑年、寅年(자년、죽년、이년)은 生年이요、正、二、三、四、五는 生月이니 가령 子年(자년) 正月생이면 鼠骨(서골)이요、二月生은 牛骨(우골)이며 丑年(죽년) 正月生은 猪骨(저골)이요、寅年(이년) 正月生은 狗骨(구골)이 되느니라、

生月＼生年	鼠骨(서골)	牛骨(우골)	虎骨(호골)	兎骨(토골)	龍骨(용골)	蛇骨(사골)	馬骨(마골)	羊骨(양골)	猴骨(후골)	鷄骨(계골)	狗骨(구골)	猪骨(저골)
子年	正	二	三	四	五	六	七	八	九	十	十一	十二
丑年	二	三	四	五	六	七	八	九	十	十一	十二	正
寅年	三	四	五	六	七	八	九	十	十一	十二	正	二
卯年	四	五	六	七	八	九	十	十一	十二	正	二	三
辰年	五	六	七	八	九	十	十一	十二	正	二	三	四
巳年	六	七	八	九	十	十一	十二	正	二	三	四	五
午年	七	八	九	十	十一	十二	正	二	三	四	五	六
未年	八	九	十	十一	十二	正	二	三	四	五	六	七
申年	九	十	十一	十二	正	二	三	四	五	六	七	八
酉年	十	十一	十二	正	二	三	四	五	六	七	八	九
戌年	十一	十二	正	二	三	四	五	六	七	八	九	十
亥年	十二	正	二	三	四	五	六	七	八	九	十	十一

（골 서） 骨鼠

作事伶俐 性輕燥急
하는일이 영리하나 성질이 가볍고 조급하리라、

用計非常 巧妙誘人
꾀를 쓰미 비상하고 교묘하게 사람을 달래라、

平生之事 有頭無尾
평생지사는 머리는 있으나 꼬리가 없다、

處世自重 勿事輕事
처세를 자중하고 경솔한 일을 하지 말라、

鼠入秋園 衣食豊足
쥐가 가을동산에 든 격이니 의식이 풍족하리라、

（골 우） 骨牛

性似愚鈍 心志厚重
성품이 우둔하게 보이나 마음이 후중하리라、

牛耕百畝 治農致富
소는 능히 백 이랑을 갈아 농사를 지으면 치부하리라、

勤儉節用 自手成家
근검절약 하라 자수성가 하리라、

救助他人 善無功德
타인을 구제한 공이 선무공덕이 되었도다、

若不水火 一驚蛇狗
만일 물이나 불이 아니면 뱀이나 개에 놀라리라、

（골 호） 骨 虎

天性剛強　천성은 강강 하고
容貌嚴甫　용모는 엄숙 하리라、

威壓群衆　위엄이 군중을 누르니
不屈他人　남에게 굽힘이 없도다、

骨肉無情　골육의 정이 없으니
累次移居　여러번 이사 하리라、

職官近三　직위가 삼품에 가까우니
官祿之数品　관록을 얻음을 우이로다、

平生之運　평생의 운수중에
必逢女乱　반드시 여난을 만나리라、

（골 도） 骨 兎

爲人聰明　위인이 총명하나
未兎輕簿　경박함을 면치 못하도다

青氈無德　세업을받지 못하였으니
恒時奔走　항시 분주 하도다、

初年多厄　초년에 액이 많을매
爲僧八字　중이될 팔자로다、

無主孤魂　주인없는 외로운 혼을
奉祀爲吉　제사하면 길 하리라、

三十以后　삼십이후하면
枯木逢春　고목이 봄을 만나리라、

<table>
<tr><td>

（골 용） 骨龍

魚變成竜 고기가 변하여 용이 되니

造化無窮 조화가 무궁 하도다、

聰明英才 총명하고 영특한 재주가 있으니

金榜壯元 과거에 장원 하리라、

雖無世業 비록 세업은 없으나

自力成家 자수성가 하리라、

酒肆青楼 주사 청루에 출입하고

風流之人 풍류의 남아 로다、

若不學門 만일 글 공부를 못하였으면

魚物得利 어물로 이를 보리라、

</td><td>

（골 사） 骨蛇

性有陰詐 성품이 음하고 간사하며

外寬內深 겉으로 너그러우나 안은 깊도다、

多管人事 남의 일에 간섭을 많이 하고

口舌紛々 구설이 분분 하도다、

財在路上 재물이 노상에 있으니

商業有利 상업이 유리 하리라、

塵土成山 티끌모아 산을 이루니

自手成富 자수로 부자가 되도다、

水邊生涯 물가에 살며

可得千金 가히 천금을 얻으리라、

</td></tr>
</table>

(골마) 骨馬

性急如火　解如春雪　성품은 불같이 급하나 풀리기는 봄눈 같으리라、

每多人情　少見失敗　매양 인정이 많으므로 조그만 실패를 보게 되나、

銀鞍金馬　遍踏長安　은안장의 금말을 타고 장안을 펴답 하리라、

若非官祿　營商聚財　만일 벼슬을 못하면 장사로 재물을 모으리라、

奔走東西　橫財之運　동서에 분주하나 횡재할 운이로다、

(골양) 骨羊

外貌平凡　為人輕簿　걸모양은 평범하나 위인이 경박 하리라、

岩上走馬　奔走不暇　바위위를 닫는 말이니 분주하고 한가한 때가 없도다、

無益之事　虛送歲月　이익이 없는 일에 허송 세월 하리라、

若非早失　流難他鄉　만일 조실부모 아니면 타향에 유리 하도다、

才幹得財　散如浮雲　재간이 있어 재물을 모으나 뜬구름같이 흩어 지리라、

| （곧 계） 骨 鷄 | （곧 후） 骨 猴 |

（곧 후） 骨 猴

猿猴攀木　원숭이가 나무에 깃들어니

為人多疑　위인이 의심이 많도다

與人同事　남과 더불어 동사 하면

持疑不快　의심이 많아 불쾌 하리라

性情巧妙　성정이 교묘하니

隨時變通　수시 변동에 능하도다

六親無德　육친의 덕이 없으니

公門得財　공문에서 재물을 얻으리라

后分運通　후분은 운이 대통하니

每事如意　매사 여의 하리라

（곧 계） 骨 鷄

性厚忠直　성품이 후하고 충직하며

且有德望　또한 덕망이 있으리라

志高心小　뜻은 높으나 욕심이 적으며

交人有禮　남과 사귐에 예가 있도다

風流放浪　풍류 방랑 하리라

若不文章　만일 문장이 아니면

初運不吉　초년운 불길하니

每事不成　매사가 이루어지지 않도다

勿求他事　다른일을 경영하지 말라

農業大利　농업이 크게 이익 하리라

| （골 저） 骨猪 | （골 구） 骨狗 |

骨狗 （골구）

性直心平 성품이 곧고 마음이 평평하니
外見愚鈍 겉으로 우둔한듯 보이도다、
初年致敗 초년의 실패는
自聚之禍 스스로 취한 화근이로다、
久居古土 옛터에 오래살면
世業蕩盡 세업을 탕진 하리라、
身上無欠 몸에 흠이 없으면
一驚巳成 한번 뜸어나 거베게 놀라리라
修心行德 마음을 닦고 덕을 행하라、
幽谷回春 찬골짜기에 봄이 돌아 오리라、

骨猪 （골저）

意見有餘 뜻이 넓어 생각이 넘치니
人多願見 사람마다 보기를 원하리라、
豪俠有義 호협하고 의기가 있으니
廣交上下 널리 상하와 더불어 사귀도다、
困以得財 어렵게 재물을 모아
利於他人 타인의 이익만 주리라
初年之運 초년의 운은
一成一敗 한번 이루고 한번 패 하도다、
公門出入 공문에 출입하면
每事如意 매사가 여의 하리라、

二、流年 行運 (유년 행운)

流年 行運(유년행운)에서는 流年(유년)에 따라 어느때 吉(길)하고 어느때 不吉(불길)하가를 알고자 一生中(일생중) 重要(중요)한 部分(부분)만을 설명한 것이다.

◎ 보는 법

生年(생년)과 生月(생월)로 보나니 子年、丑年、寅年(자년、축년、인년)은 生年(생년)이요, 正、二、三、四는 生月이니 가령 子年 正月(자년정월)이면 子(자)요, 二月(이월)이면 丑(축)이요, 丑年 五月(축년오월)이면 卯(묘)요, 寅年 八月(이년팔월)이면 巳(사)가 되나니라、

亥(해)	戌(술)	酉(유)	申(신)	未(미)	午(오)	巳(사)	辰(진)	卯(묘)	寅(인)	丑(축)	子(자)	生年 / 生月
十二	十一	十	九	八	七	六	五	四	三	二	正	子年
正	十二	十一	十	九	八	七	六	五	四	三	二	丑年
二	正	十二	十一	十	九	八	七	六	五	四	三	寅年
三	二	正	十二	十一	十	九	八	七	六	五	四	卯年
四	三	二	正	十二	十一	十	九	八	七	六	五	辰年
五	四	三	二	正	十二	十一	十	九	八	七	六	巳年
六	五	四	三	二	正	十二	十一	十	九	八	七	午年
七	六	五	四	三	二	正	十二	十一	十	九	八	未年
八	七	六	五	四	三	二	正	十二	十一	十	九	申年
九	八	七	六	五	四	三	二	正	十二	十一	十	酉年
十	九	八	七	六	五	四	三	二	正	十二	十一	戌年
十一	十	九	八	七	六	五	四	三	二	正	十二	亥年

（축）　丑	（자）　子

子（자）

鶯出幽谷　旬之四五
春風得意　旬之七八
吉事到門　冠之七八
北方移舍　井之七八
官厄愼之　冠八九運
所願成就　立之一二
財數大通　立之七八
必見大利　命之七八
萬事如意　命之九運

십사오세는 피피리가 찬골에서 나오는 운이요, 팔세는 봄바람에 뜻을 얻으리라, 이십칠팔세에 일이 무안히 이룰 것이요, 이십팔구세에는 과업을 조심하라, 삼십일이에는 소원이 성취될 것이며 삼십칠팔세는 재수가 대통하리라, 사십칠팔에 부방으로 이사할수요, 오십칠팔에는 반드시 큰 이익을 볼것이며 오십구세후에는 만사가 여의하게 되리라

丑（축）

華蓋到門　旬之七八
花園蜂蝶　冠之五六
榮華可得　冠之八九
若無榮華　身數不吉
非榮則尼　井之一二
愼之北人　井之八九
命之一二　吉事到門
一生之事　善無功德
莫恨初困　中后太平

삼십칠팔에 화개가 문에 이룰 것이요, 이십오륙에 화원에 봉접을 맞으리라, 이십팔구세에는 영화가 아니면 영화가 있으며, 그렇지 아니하면 신수불길하리라, 사십팔구세에는 북방사람을 조심하라 반드시 해가 있도다, 오십팔구세에 기쁨이 무아에 이르리라, 일생지사는 공덕이로다, 초년의 곤고를 한탄마라, 후부 평하리라

寅 （인）	卯 （묘）

寅 （인）

旬九冠運　羊變爲馬
冠之三四　琴宮春色
冠之七八　非榮則厄
立之二三　樂在家中
立之七八　名振四方
井年之運　古木逢春
井之八九　膝下之榮
命之二三　必見大利
命之八九　失敗之数

십구세와 이십세운은 양이 변하여 말이 되는 운이요, 이십삼사에는 배궁에 경사가 있으리라, 이십칠팔에는 영화가 아니면 액이 있으며 삼십이삼에는 즐거움이 집안에 있으리라, 삼십칠팔에는 이름을 사방에 떨치겠으며, 사십년의 운은 고목이 봄을 만난격이로다, 사십팔구에서도 슬하에 영화가 있으며 오십이삼에는 반드시 큰 이익을 볼것이요, 오십팔구에는 실패수가 있으리라,

卯 （묘）

旬之七八　桃梨滿鼓
冠之二三　財榮可期
若不其然　天地有憂
冠之七八　大通之数
立之以后　古木逢春
立之三四　必見榮華
井之二三　財数大通
命年以后　衣食豊足
六十之年　烏飛梨落

십칠팔에 복숭아와 오얏꽃이 만발할 것이니 기쁨이 있을것이며, 이십이삼에는 재물의 영화를 가히 하리라, 그렇지 아니하면 부모의 궁에 근심이 있도다, 이십칠팔에도 대통할 운이요, 삼십이후는 고목이 봄을 만날것이며, 삼십삼사에 반드시 영화를 얻을것이며, 사십이삼에는 재수 대통하리라, 오십이후로는 의식이 풍족할 것이며 육십되는 해에는 회양수를 당하리라 조심하라,

（ 사 ）　巳	（ 진 ）　辰

辰 （진）

旬之三四　一身有慶
立之二三　身数不平
井之三四　以小易大
冠之一二　花木逢春
立之六七　大吉之運
井之八九　大通之数
冠之三四　貴人来助
若不然也　服制之数
命之二三　魚入大海

삼삼사세에 일신의 경사가 있으며 이십일이세에는 꽃나무에 봄이 돌아왔도다, 이십삼사세에 귀인이 와줄 것이오 삼십이삼에는 신수가 평탄치 못하리라. 삼십육칠에 크게 길한 운이오, 그렇지 아니하면 복제(服制)의 수가 있도다. 사십삼사세에는 적은 것으로 큰 것을 바꿀 운이오, 사십팔구세에는 운수대통할 것이요, 오십이삼세에는 고기가 큰 바다에 들게 되리라.

巳 （사）

旬之一二　天地有憂
立之六七　幽谷回春
井之七八　金玉満堂
冠之三四　可期榮華
井之二三　榮華之数
命之八九　一身榮貴
冠之六七　財数大通
若無榮華　逢賊損財
末年之運　衣食豊足

십일이세에는 부모의 근심이 있으며 이십삼사에 영화를 기약 하리라, 이십육칠세에 재수가 대통하고 삼십육칠에는 찬 골짜기에 봄이 돌아오며 사십이삼에는 영화의 운이로다, 만일 영화 없으면 도적에게 만나 손재 하리라, 사십팔구세에 금옥이 곳간에 가득할 것이며, 오십팔구세에 일신이 영귀 하리라, 말년의 운은 의식이 풍족 하리라.

午 (오)

旬之七八　喜事有之
魚躍龍門　籠鳥飛天
冠之三四　水火愼之
冠之六七　春風花開
吉反爲凶　若不其然
立之二三　財數大通
立之七八　手弄千金
井之三四　井魚出海
命之五六　萬事如意

십칠팔에 기쁜 일이 있으리니 고기가 용문에 뛰여 오를 것이요 조롱속의 새는 하늘을 날으리라, 이십삼사에 물과 불을 조심하라, 이십육칠에는 봄바람에 꽃이 피는 운이로다, 그럿지 아니하면 오히려 흉하리라, 삼십이삼에 재수가 대통하고 삼십칠팔에는 손으로 천금을 희롱하리라, 사십삼사에는 우물안의 고기가 바다로 나가는 운이요 오십오륙에는 만사가 여의 하리라.

未 (미)

旬之七八　花開東園
冠之一二　非榮則厄
冠之六七　奔走不暇
冠之八九　榮華之數
若不榮華　橫財之運
立之六七　東敗西傷
立九井二　萬事如意
井之三四　財數大利
若不然而　損財之數

십칠팔에 동원에 꽃이 피는 운이요, 이십일이세는 영화가 아니면 액을 만나리라, 이십육칠에는 분주하여 한가하지 못할것이요, 이십팔구세는 영화지수로다, 만일 영화를 얻지 못하였으면 횡재의 운이 되리라, 삼십육칠에는 동서에 실패 수가 잇다, 그럿지 아니하면 손재를 보리라, 삼십구와 사십이에는 만사가 뜻같이 될것이요, 사십삼사에는 재수 대통하여 이익이 크리라.

（유）　酉	（신）　申

申 （신）

旬前之運　家內有患
旬之三四　必有喪厄
旬之六七　喜事有之
旬九冠一　頭挿桂花
立之二三　終成大器
立之七八　榮華無窮
立九井運　大通之數
井之三四　手弄千金
命之一二　金銀自來

십삼세 이전의 운은 집안에 우환이 있으며 십삼사에는 반드시 상액이 왔도다. 십육칠세에 기쁜일이 있을 것이요, 십구세와 이십일에는 머리에 계수나무꽃을 꽂았으니 벼슬자리에 오르리라, 삼이삼에는 마침내 큰 성공을 할 것이요, 삼십칠팔에는 영화가 무궁하도다, 삼십구와 사십의 운은 크게 형통할 수요, 사십삼사에는 손으로 천금을 희롱하고 오십일이세에는 금과 은이 스스로 따라 오리라,

酉 （유）

幼年之數　病厄難免
旬之一二　家産致敗
旬九冠八　橫厄操心
冠之四五　必有慶事
立之三四　雨中春梅
立之五六　渴馬飲川
井之三四　非榮則厄
朱雀飛來　口舌何免
命之二三　手弄千金

초년의 운은 병액을 면치 못하리라, 십일이세에는 집안의 재산을 치패할 것이요, 십사세와 이십팔세에는 횡액수가 왔으니 조심하라, 이십사오세에 반드시 경사가 있으며 삼십삼사에는 매화가 비를 만났으리라, 삼십에는 목마른 말이 꽃물을 마시는 격이요, 사십삼에는 영화 아니면 액이 왔도다, 주작이 날아오니 구설수를 어이 면하리오, 오십이삼에는 손으로 천금을 희롱하리라,

戌 （술）

旬前之運　家産大敗
旬之一二　風波泛舟
冠之二三　一身榮貴
立之一二　身旺財旺
立之九井運　每事如意
井之三四　以小成大
命之二三　千金到來
若不其然　膝下有厄
命之五六　必有慶事

십월 이전에 가산을 크게 패하리라, 는 풍랑에 배를 띄운 격이며, 이월이 일신이 영귀하리라, 삼삼삼에 몸과 재하고, 삼오구와 사십의 운은 매사가 여의하고, 십삼사에 적은 것으로 큰 것을 바꿀 것이오, 이삼에는 천금이 자연히 이르리라, 그렇지 아니하면 슬하에 액이 있나니, 오십육이면 반드시 경사가 있으리라,

亥 （해）

旬五六七　桃李爛熳
冠之三四　鳳凰之樂
冠之六七　生産之數
若非二母　無后奉祀
立之三四　身旺財旺
立之五六　一見灾厄
若免此數　致誠寺門
立之七八　古木回陽
井之以后　大通之數

십육칠에 도화와 이화가 만발 하도다, 이도사에는 봉황의 즐거움이며, 이십육칠 자수로다, 하지 되리라, 만일 두어머가 아니면 곳지 하면 불전에 치성하라, 삼십삼사에 몸과 재물이, 십오륙에 한번 화액을 보리라, 삼십 곳목에 햇빛이 드것이오, 사십이후 통할 운이로다,

三、心性宮 (심성궁)

心性宮(심성궁)에서는 前章(전장)의 骨格宮(골격궁)을 補充(보충)하는 것이바 十二(禽獸)(십이금수)에 比較(비교)하여 人間의 性格(성격) 밋 資質(자질)을 論述(논술)한 것이다.

◎ 보는법

生年生月(생년생월)로 보나니 가령 子生(자생)이 七月(칠월)이면 鳳凰(봉황)이요 八月이면 獅子(사자)요 丑生(축성)이 正月이면 鴻鵠(홍곡)이요 寅生(이생)이 四月이면 孔雀(공작)이 되느니라、

生年 ＼ 生月	鳳凰(봉황)	獅子(사자)	金鷄(금계)	老雉(노치)	鷰子(연자)	鴻鵠(홍곡)	白鹿(백록)	孔雀(공작)	赤鳩(적구)	朱雀(주작)	靑鶴(청학)	鸚鵡(앵무)
子年	七	八	九	十	十一	十二	正	二	三	四	五	六
丑年	八	九	十	十一	十二	正	二	三	四	五	六	七
寅年	九	十	十一	十二	正	二	三	四	五	六	七	八
卯年	十	十一	十二	正	二	三	四	五	六	七	八	九
辰年	十一	十二	正	二	三	四	五	六	七	八	九	十
巳年	十二	正	二	三	四	五	六	七	八	九	十	十一
午年	正	二	三	四	五	六	七	八	九	十	十一	十二
未年	二	三	四	五	六	七	八	九	十	十一	十二	正
申年	三	四	五	六	七	八	九	十	十一	十二	正	二
酉年	四	五	六	七	八	九	十	十一	十二	正	二	三
戌年	五	六	七	八	九	十	十一	十二	正	二	三	四
亥年	六	七	八	九	十	十一	十二	正	二	三	四	五

<table>
<tr><td>

（자 사） 子獅

嚴威勇猛　엄하고 위엄있었고 용맹하고 산우니

不屈他人　남에게 굴함이 없으리라、

性多固執　성품이 고집이 많으므로

間有口舌　간혹 구설수가 있으리라、

經營大事　대사를 경영함에

不拘小利　적은 이익을 구애치 아니하리라、

積德行善　덕을쌓고 선을 행하라

富貴兼全　부귀 겸전 하게 되느라

若非功名　만일 벼슬을 못하면

勤農成家　농업으로 성가 하리라

</td><td>

（황 봉） 凰鳳

仁厚正直　성품이 인후하고 정직하며

心志高遠　심지가 높고 원대 하리라、

非禮不爲　예가 아니을 하지 않으며

非義不行　의가 아닌바를 행하지 않느니라、

拘碍人情　인정에 구애되어

每見損害　매양 손해를 보리라、

貴人指路　귀인이 길을 가리키니

隨時變通　수시변통의 재주가 있느니라、

多有智謀　지모가 뛰어나

可得橫財　가히 횡재 하게 되리라

</td></tr>
</table>

（노 치） 老雉　　（금 계） 金鶏

金鶏（금계）

画鳳爲雉　봉을 그리다 꿩이 되니

有頭無尾　머리는 있으나 꼬리가 없도다

織女星照　직녀성이 비쳐 임하니

手才出衆　손재주가 출중 하리라、

善心奉仕　선심으로 봉사 하였으면

初困后吉　처음은 곤하나 뒤에 길하리라、

若不學問　만일 학문을 못하였으면

務農財足　농사하면 재물이 족하리라、

一呼百諾　한번 부르면 백이 대답하니

到處多權　도처에 권세가 많으리라、

老雉（노치）

爲人聰明　위인이 총명할 것이요

才多輕薄　비록 재주가 많으나 경박 하도다、

春雉自鳴　봄날의 꿩이 스스로 우니

口舌紛々　구설이 분々 하도다、

多言爲病　말이 많음이 병이 되나니

擇言而發　말을 가리어 일컬으라、

若不學問　만일 글을 배우지 아니 하였으면

流推放浪　유리 방랑하게 되도다、

他關生涯　타관에서 생애하리니

每事如意　매사가 여의 하리라、

| （곡 홍）鵠鴻 | （자 연）子鷰 |

性直心清　성품이 곧고 청백하니
勿貪非義　의가 아닌바를 탐하지 않는도다、
天性火急　천성이 불같이 급하니
勿入是非　시비에 참견하지 말라、
才藝出衆　재예가 출중하며
善交朋友　친구와 사귐을 잘하리라、
雁宮無情　형제궁의 정이 없으니
孤独之狀　고독한 상이로다、
每多人情　매양 인정이 많으매
廣済衆人　널리 중인을 구제 하리라、

外愚内明　겉은 우둔하나 속이 밝으니
人皆信望　사람마다 신망 하리라、
志謀深遠　지모가 심원하고
意思通達　의사가 통달 하였도다、
心性雖急　마음이 비록 급하나
不嫌他人　남과 혐의 친는 아니 하리라、
若非功名　마일 벗슬을 못하면
虛度光陰　헛송세월 하도다、
旧基不利　옛터는 불리하니
難去則吉　이사하면 길하리라、

（백록）鹿白

心性仁厚 마음이 인후하고
本無欲心 본래 욕심이 없으리라、
仁情拘碍 인정에 구애되어
每見損害 매양 손해를 보도다、
東西奔走 동서에 분주하며
食少事煩 식소사번 하리라、
到處多友 도처에 벗이 많으며
人々稱讚 남의 칭찬을 듣게 되도다、
自力生涯 자력으로 생애하고
安貧樂道 안빈낙도의 상이로다、

（작곰）雀孔

容貌端正 용모가 단정하고
心性閒逸 성품이 한일 하리라、
口辯有餘 구변은 유여하나
不言他事 남의 일은 말하지 않도다、
善心積德 선심적덕 하니
后必富貴 후에 반드시 부귀 하리라、
貴人來助 귀인의 도움이 옹으니
每事成就 매사를 성취 하도다、
古土雖好 옛터가 비록 좋으나
不如他鄉 타향만은 못하리라、

<table>
<tr><td>

（작 주）雀 朱

朱雀煩鳴　주작이 번거로이 우니
口舌紛々　구설이 분분 하리라、
出外多猜　밖에 나가면 시기하는 사람이 많으니
持身操心　몸가짐을 조심하라、
春雉自鳴　봄꿩이 스스로 우니
勿爲輕率　경솔히 행하지 말라、
若不謹慎　만일 근신하지 않으면
每多失手　매양 실수가 많으리라、
東西奔走　동서에 분주 하니
一身多煩　일신의 번잡함이 많도다、

</td><td>

（구 적）鳩 赤

天性云何　이 사람의 천성은
直而清高　곧으며 청렴하고 고상 하리라、
乾坤無情　부모의 정이 없으니
自手成家　자수성가 하게 되도다、
平生所慎　평생의 삼가할 바는
八人口舌　회째수와 구설이로다、
之南之北　남쪽과 북쪽에는
食少事煩　일이 많고 머물것이 적으리라、
困以得財　어렵게 재물을 모아
他人救濟　타인을 구제 하도다、

</td></tr>
</table>

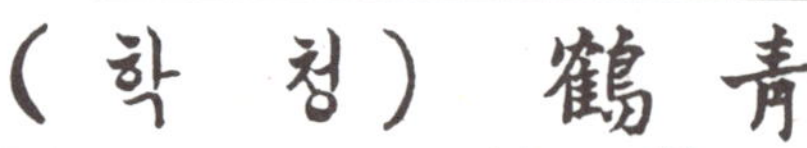

（무 앵）鸚鵡	（학 청）青鶴

容貌端正　용모가 단정하고
口辯有餘　구변이 넘치도다、
清直謙和　청직하고 겸손 화목하니
人皆敬慕　뭇사람이 경모 하리라、
機巧才幹　기교로운 재간이 있으매
每事多能　매사에 능함이 많도다
金榜掛名　금방에 이름을 걸고
官祿之人　관록지인 이로다、
春風溫和　춘풍이 온화하게 부니
到處多助　도처에 도움이 많으리라、

鵲巢鳩居　까치가 비둘기 집에 거하니
他人之德　남의 덕으로 살리라、
修身正心　몸을 닦고 마음을 밝게 하면
自有助我　자연히 도움을 받게 되도다、
東西四方　동서 사방에
暫時風霜　잠시 풍상이 있으리라
文學從事　문학에 종사 하였으면
三品之職　삼품의 관록이로다、
運回命年　오십세가 되면
寒谷到陽　찬골짜기에 양기가 비치리라、

第三章　十二殺 (십이살)

이 來格宮(삼격궁)은 누구를 莫論(마른)하고 十二殺(십이살)가운데 그 하나가 해당 하는바 이것이 인간의 前程(전정)을 障碍(장애)하고 凶厄(흉액)을 招來(초래)하나니 生年生時(생년생시)에 따라 殺之輕重(살의 경중)이 다르고로 이에 설명한다、

◎ 보는법

生年生時(생년생시)로 보는것이니 혹은 生年 生月、生日로도 본다 가령 子生(자생)이 巳時(사시)면 劫殺(겁살)、午時(오시)면 災殺(재살)이요、午年(오년)未時(미시)면 攀鞍殺(반안살)이요、申年(신년)卯時(묘시)면 육해살이 되나라、

生年 \ 生時	劫殺(겁살)	災殺(재살)	天殺(천살)	地殺(지살)	年殺(년살)	月殺(월살)	亡身殺(망신살)	將星(장성)	攀鞍殺(반안살)	驛馬殺(역마살)	六害殺(육해살)	華蓋殺(화개살)
子年	巳	午	未	申	酉	戌	亥	子	丑	寅	卯	辰
丑年	寅	卯	辰	巳	午	未	申	酉	戌	亥	子	丑
寅年	亥	子	丑	寅	卯	辰	巳	午	未	申	酉	戌
卯年	申	酉	戌	亥	子	丑	寅	卯	辰	巳	午	未
辰年	巳	午	未	申	酉	戌	亥	子	丑	寅	卯	辰
巳年	寅	卯	辰	巳	午	未	申	酉	戌	亥	子	丑
午年	亥	子	丑	寅	卯	辰	巳	午	未	申	酉	戌
未年	申	酉	戌	亥	子	丑	寅	卯	辰	巳	午	未
申年	巳	午	未	申	酉	戌	亥	子	丑	寅	卯	辰
酉年	寅	卯	辰	巳	午	未	申	酉	戌	亥	子	丑
戌年	亥	子	丑	寅	卯	辰	巳	午	未	申	酉	戌
亥年	申	酉	戌	亥	子	丑	寅	卯	辰	巳	午	未

怯殺 (겁살)

早別父母 조실 부모 하고
雁行各飛 형제가 각기 분리하도다、
若非早別 만일 조실부모 아니하면
他鄕依托 타향에 의탁 하리라、
性急如火 성품은 불같이 급하며
祖業難守 조업을 지키기 어렵도다、
移舍重々 이사를 여러번 할 것이요
百事難成 백사가 이루기 어려우리라、
諸營凡事 모든 경영하는 일이
龍頭蛇尾 용두사미 격이로다、

灾殺 (재살)

天地情小 부모의 정이 없으니
世業難守 세업을 지키기 어려우리라、
家勢致敗 가세를 치패할 것이요
不然身病 그렇지 아니하면 신병을 얻으리라、
身有苦楚 몸에 고초가 있으며
事多灾殃 일마다 재앙이 많으리라、
中年致敗 중년에 치패수가 있으니
一驚盜賊 한번 도적에 놀라리라、
致誠禱厄 지성으로 액을 막으라
厄消福來 액이 사라지고 복이 오리라、

| （살 지）殺地 | （살 천）殺天 |

殺天（살천）

初年之数　초년의 운수는
好事多魔　좋은 일에 마가 많도다
家内有殃　집안에 살이 있으니
心肝有病　심간에 병이 있으리라
勿信親人　친한 사람을 믿지 말라
必有其害　반드시 손해가 있도다
勤以得財　부지런하게 재물을 모아
以好他人　남을 좋게 하리라
莫恨身病　신병을 원망을 한탄하지 말라
中後回春　중년후부는 회춘의 기쁨이 있으리라

殺地（살지）

地殺侵命　지살이 명을 침노하니
每事未成　매사가 이루어지지 못하리라
若非二母　만일 두 어머니가 아니면
三妻八字　삼처를 둘 팔자로다
中年之運　중년의 운은
官厄慎之　관액을 조심하라
若非農業　만일 농업이 아니면
工場生涯　공장으로 생애하라
因人成事　남으로 인하여 성사하니
四面有吉　사면에 길함이 있도다

（살월）殺月　　（살년）殺年

桃花侵命　도화살이 명에 침노하니
左琴右瑟　좌우에 처첩이로다、
若非妻妾
一見叩盆　만일 처첩수가 아니면 한번 상처수를 당하리라、
官灾口舌
不然空門　관재와 구설수가 있으리라 불연이면 중이될 살주로다、
立井之年　삼십과 사십에
横厄操心　횡액을 조심하라、
財運雖吉　재운은 비록 길하나
諸柔妨害　모든 살이 방해 하리라、

若非早孤　만일 일찍 고독하지 않으면
妻子之患　처자궁에 근심이 있도다、
若不荊殺　만일 처궁의 살이 아니면
骨肉無情　골육의 정이 없으리라、
若非官灾
口舌之數　만일 관재수가 아니면 구설수가 있으리라、
隱床惡殺　은상의 악한살은
間々灾乱　간간히 재난을 일으키도다、
勿近虛妄　허망한일을 경영하지 말라
成敗頻々　성패가 빈번하리라、

命入亡身　怪變層生
망사살이 드니 괴이한 일이 많이 있도다、

莫近是非　長沙之厄
시비를 가까이 말라 관액을 당하게 되리라、

青氈祖業　飄落狂風
조상의 유업은 광풍에 표락하도다、

累次移席　虛送歲月
여러번 이사하며 허송세월 하리라、

棄墳離妻　他鄉作客
부모 처자와 이별하고 타향의 작객이 되도다、

執命入將星
장성이 명에 드니

執權之人
권리 잡은 사람이로다、

武藝出衆　手執兵權
무예가 출중하니 손에 병권을 잡으리라、

雖有譽聲　胸中有愁
비록 명예는 있다하나 흉중에 근심이 있도다、

大人進祿　小人運吉
대인은 녹이 더 할 것이요 소인은 운이 길하리라、

若非權變　反爲下賤
만일 천서가 아니면 바로 천하게 되도다、

文筆出衆하니　少年登科하리라、
무필이 출중하니 소년 등과 하리라、

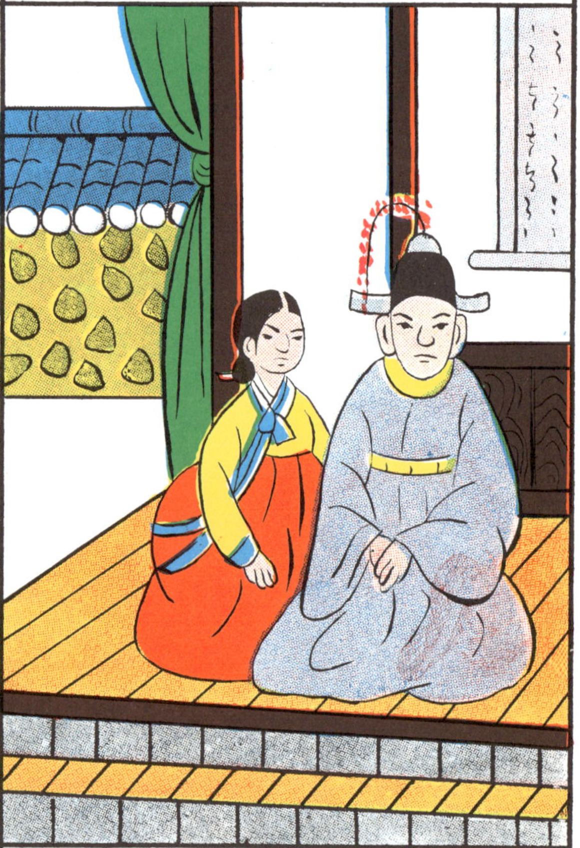

性情順厚　貴人之狀
성정이 순후하니 귀인지상이로다、

若不官位　可嘆平生
만일 벼슬에 올르지 못하면 평생을 탄식 하리라、

井命之年　橫厄愼之
사오십의 나이에 횡액을 조심하리라、

命之二三　魚入大海
오십이삼에 고기가 바다에 나간 격이로다、

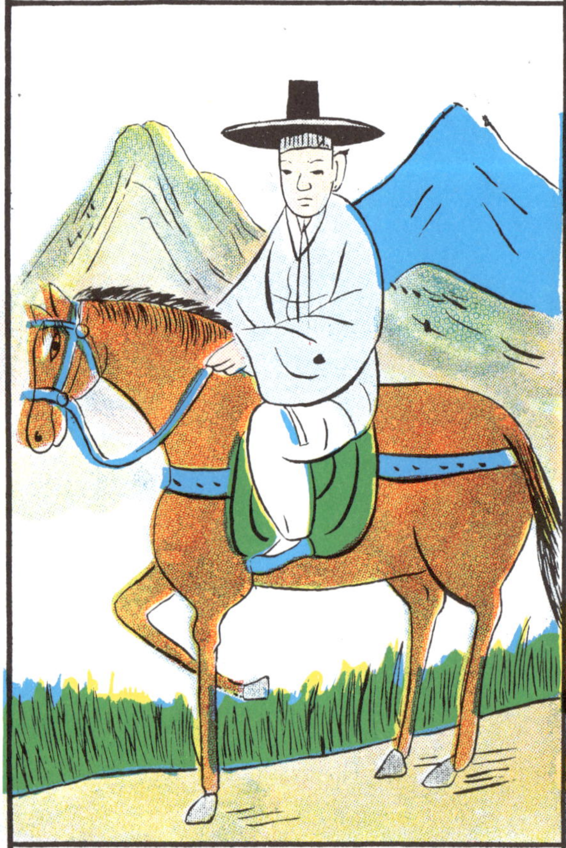

之南之北　早年風波
남북지간에 일찍 풍파를 겪으리라、

遍踏江山　以商得財
강산을 편답하며 상업으로 득재하도다、

若非官祿　虛送歲月
만일 벼슬을 못하면 허송 세월하리라、

出入四方　行處有旺
사방으로 출입하며 가는곳마다 왕운이 있도다、

末年之運　運数大通
말변의 운은 우수 대통하리라、

殺蓋華 （살개화）　殺害六 （살해육）

早失天地
他鄉流離
若非早失
無后奉祀
因人被害
骨肉無情
若非僧道
困厄重重
身煩東西
世事如夢

조실 부모하고 타향에 유리방랑 하리라、
만일 조실부모 아니하면 양자갈 수 로다、
남으로 인하야 해를 입으며 골육의 정이 없으리라、
만일 중이 되지 않으면 곤액이 중중하도다、
몸이 동서에 번거로우니 세상일이 꿈 같으리라、

若不登科
風流之人
自手成家
祖業何歸
雁宮無德
兄弟不和
勤苦得財
每濟貧窮
井後命年
所榮必成

만일 벼슬에 오르지 못하면 풍류의 사람이 되리라、
조상의 업은 어디로 간고 지수성가할 사주로다、
형제구에 덕이 없으니 형제간에 화목지 못하리라、
근고하게 재물을 모아 매양 가난한 사람을 구제하도다、
사십 이후 오십에는 경영하는 바가 성취되리라、

第四章 六親(육 친)

一. 兄弟宮(雁宮)(형제궁)
(형제子)

此章(이장)에서는 兄弟宮(형제子)을 論(논)함이니 兄弟의 多少(다소)와 友愛(우애), 相別(상별)의 有無(유무)를 記述(기술)하였다、

◎ 보는법

生年(생년)과 生月(생월)로 보나니 령, 子年生(자년생)이 生月(생월)이 子月(자월)이면 旺星(왕성)이요、丑月(축월)이면 衰星(쇠성)이 되고 丑年寅月生(축년인월생)이면 쪽성、卯月(묘월)이면 胎星(태성)이요、寅年(이년)이면 辰月(진월)이면 대성、巳月(사월)이면 冠星(관성)을 찾느니라、

生年\生月	胞星(포성)	胎星(태성)	養星(양성)	生星(생성)	浴星(욕성)	帶星(대성)	冠星(관성)	旺星(왕성)	衰星(쇠성)	病星(병성)	死星(사성)	葬星(장성)
子年	巳	午	未	申	酉	戌	亥	子	丑	寅	卯	辰
丑年	寅	卯	辰	巳	午	未	申	酉	戌	亥	子	丑
寅年	亥	子	丑	寅	卯	辰	巳	午	未	申	酉	戌
卯年	申	酉	戌	亥	子	丑	寅	卯	辰	巳	午	未
辰年	巳	午	未	申	酉	戌	亥	子	丑	寅	卯	辰
巳年	寅	卯	辰	巳	午	未	申	酉	戌	亥	子	丑
午年	亥	子	丑	寅	卯	辰	巳	午	未	申	酉	戌
未年	申	酉	戌	亥	子	丑	寅	卯	辰	巳	午	未
申年	巳	午	未	申	酉	戌	亥	子	丑	寅	卯	辰
酉年	寅	卯	辰	巳	午	未	申	酉	戌	亥	子	丑
戌年	亥	子	丑	寅	卯	辰	巳	午	未	申	酉	戌
亥年	申	酉	戌	亥	子	丑	寅	卯	辰	巳	午	未

| （성포） 星胞 | （성태） 星胎 |

天上仙官 천상의 선관이

謫下人間 인간으로 적강하엿다、

洞庭秋月 동정 추월에

三雁雙飛 세 기러기가 쌍으로 날도다、

若逢六害 만일 육해 살을 만나면

雖多損失 손실이 만흐리라、

佛前弟子 불전의 제자로

還生今世 금세에 환생 하엿도다、

秋月雁行 가을달밤 기러기의 행렬으

或三或四 혹은 셋이오 혹은 넷이리라、

異腹則四 이복형제가 잇으면 사형제요

不然兄弟 불연이면 형제로다、

（성 생） 星生
（성 양） 星養

西域國人
還生今世　서역나라 사람이　금세에 환생 하얏도다、
月夜寒天
三雁同飛　월야 한천에　세 기러기 함께 날도다、
若有多妹
難免狐身　만일 여동기가 많으면　독신을 면키 어려우리라、

明國貴人
還生今世　명국의 귀인이　금세에 환생 하얏도다、
蒲湘雁行
三四同飛　소상강 기러기～　삼사형제가 함께 날도다、
龍官致誠
兄弟同榮　용궁에 치성하라　형제가 함께 영화를 보리라、

水國弟子　수국의 제자가
還生今世　금세에 환생하였도다、
二雁同飛　두 기러기 함께 날도다、
回雁峰頭　산 말루에 날으는 기러기는
龍王致誠　용왕에 지성하면
永受福祿　영원한 복록을 받으리라、

前生之人　전생의 인간이
今世更生　금세에 다시 탄생하였도다、
三雁二飛　세 기러기중 둘만 날도다、
秋月寒天　가을 달밤 찬 하늘에
若有異腹　만일 이복형제가 있으면
三四同飛　삼사형제 되리라、

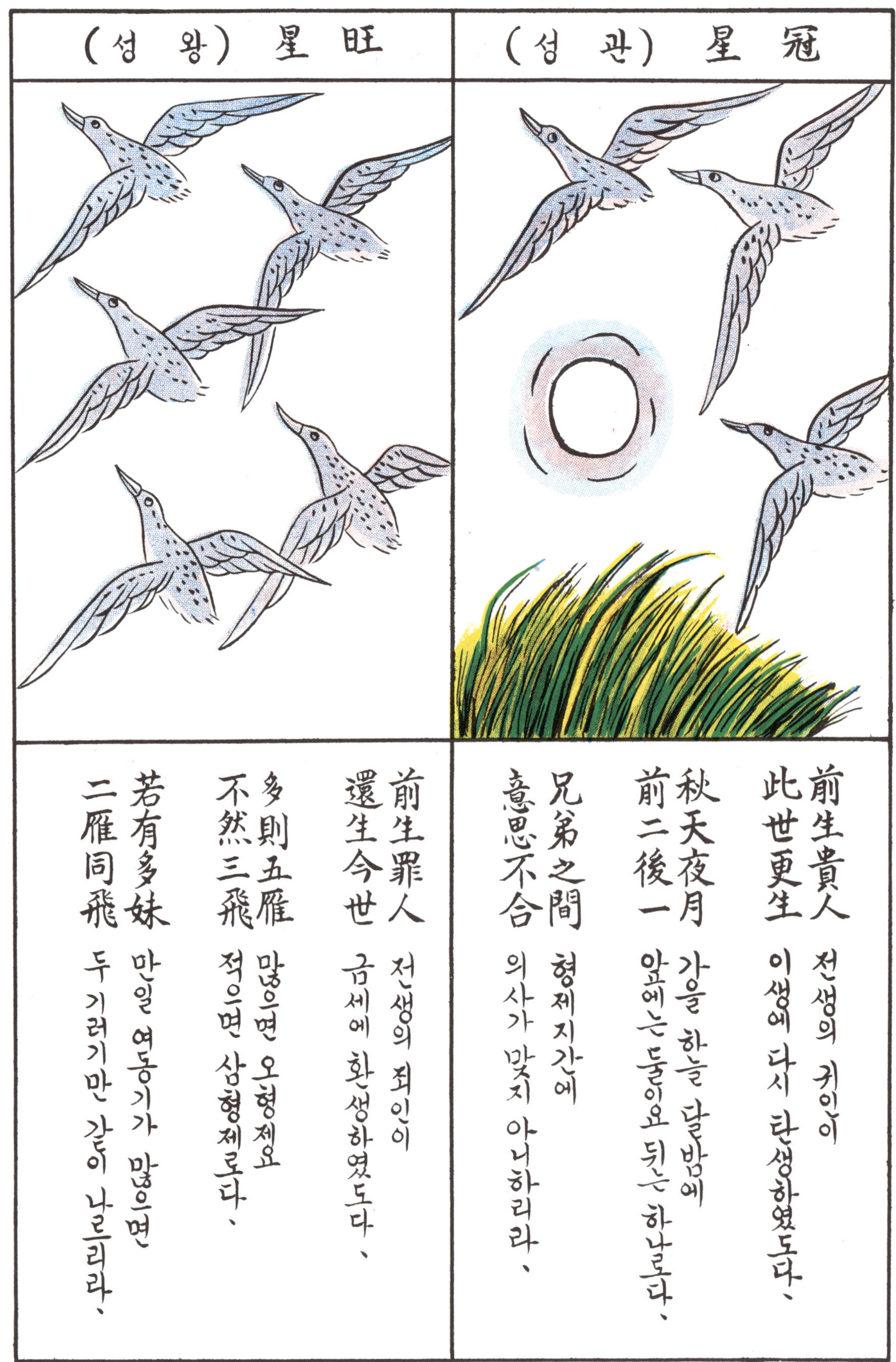

<table>
<tr><td>

（성 왕） 星旺

前生罪人　전생의 죄인이

還生今世　금세에 환생하였도다、

多則五雁　많으면 오형제요

不然三飛　적으면 삼형제로다、

若有多妹　만일 여동기가 많으면

二雁同飛　두 기러기만 같이 날으리라、

</td><td>

（성 관） 星冠

前生貴人　전생의 귀인이

此世更生　이생에 다시 탄생하였도다、

秋天夜月　가을 하늘 달밤에

前二後一　앞에는 둘이요 뒤는 하나로다、

兄弟之間　형제지간에

意思不合　의사가 맞지 아니하리라、

</td></tr>
</table>

星衰（성쇠）

佛前弟子
還生此世　불전의 제자가 이세상에 화생하였도다、

洞庭秋月
雁行三四　동정 추월에 기러기 삼사 형제로다、

江山相隔
兄弟難別　강산이 서로 막혔으니 형제 이별하리라、

星病（성병）

瑤地侍女
還生今世　요지의 시녀가 금세에 화생하였도다、

仁兄賢弟
分手相別　어진형과 착한 동생이 분수 상별하리라、

三五明月
淚成江河　삼오 십오 밝은 달에 눈물이 강하를 이루었도다、

（성사）星死

前生人間　전생의 인간이
還生今世　금세에 환생 하엿도다、
洞庭江上　동정호 강위에
三雁各飛　세 기러기 작기 날리라、
異腹則三　이복이면 삼형제요
不然獨身　불연이면 독신이로다、

（성장）星葬

嵋山神靈　미산의 신령이
還生此世　환생 차서 하엿도다、
異腹則三　이복이면 삼형제요
不然一二　그렇지 않으면 하나 혹우 둘이로다
若有多妹　만일 여동기가 많으면
獨飛難免　독신을 면치 못하리라、

二、夫婦宮（부부궁）

人間(인간)은 何人(하인)을 莫論(막론)하고 일생을 同居(동거)할 配偶者(배우자)를 택함에 큰 關心(관심)이 있는 것이다. 그럼으로 이 부부궁에서는 琴瑟(금슬)의 吉凶(길흉)과 難別(이별), 妻妾(처첩) 등의 有無(유무)를 四柱(사주)에 따라 설명하였다,

◎ 보는 법

生年(생년)과 生月(생월)로 보나니라, 가령 子年(자년) 四月(사월)생이면 相嫌(상혐)이요, 卯年(묘년) 八月生이면 隔山(격산)이요, 申年(신년) 七月生이면 和合(화합)을 찾아 보나니라,

生月＼生年	相嫌(상혐)	隔山(격산)	求子(구자)	和合(화합)	商量(상량)	忤逆(오역)	保守(보수)	入舍(입사)	難妻(이처)	重夫(중부)	重妻(중처)	剋子(극자)
子年	四	五	六	七	八	九	十	十一	十二	正	二	三
丑年	正	二	三	四	五	六	七	八	九	十	十一	十二
寅年	十	十一	十二	正	二	三	四	五	六	七	八	九
卯年	七	八	九	十	十一	十二	正	二	三	四	五	六
辰年	四	五	六	七	八	九	十	十一	十二	正	二	三
巳年	正	二	三	四	五	六	七	八	九	十	十一	十二
午年	十	十一	十二	正	二	三	四	五	六	七	八	九
未年	七	八	九	十	十一	十二	正	二	三	四	五	六
申年	四	五	六	七	八	九	十	十一	十二	正	二	三
酉年	正	二	三	四	五	六	七	八	九	十	十一	十二
戌年	十	十一	十二	正	二	三	四	五	六	七	八	九
亥年	七	八	九	十	十一	十二	正	二	三	四	五	六

<table>
<tr><td>

（산 격） 山 隔

想思千里　상사 천리에
山河隔之　산하가 막혔도다、
春風秋月　봄바람 가을달에
涙送歲月　눈물로 세월을 보내리라、
獨守多年　독수공방 긴긴 세월에
古梅回春　옛 매화에 봄이 왔도다、
日麗中天　해가 중천에 곱게 떴으니
中後太平　중년 후로는 태평하리라、

</td><td>

（혐 상） 嫌 相

夫婦相嫌　부부가 서로 혐의를 품으니
家內不安　집안이 불안하도다、
若非妻妾　만일 처첩이 아니면
再娶之数　재취할 운이로다、
妖花窺墻　요화가 담장에서 엿보니
初年風波　초년의 풍파가 있도다、
若過厄年　만일 액년이 다 지나면
末年和平　말년에 태평하리라、

</td></tr>
</table>

求子（구자）

百年之宮　백년의 금슬으
鴛鴦不和　원앙이 화목치 못하도다、
殺入蘭宮　잠장에 살아 들었으니
無子爲患　아들 없음을 근심하리라、
牧丹無實　목단에는 열매가 없으나
桃李有實　복숭아 외얏에는 열매가 왔도다、
妖花開笑　요화가 웃고 피였으니
必見妻妾　반드시 처첩을 보리라

和合（합화）

春江日麗　봄 강가에 햇빛이 고운데
鴛鴦相遊　원앙이 서로 즐겨 노닐도다、
窈窕淑女　요조숙녀가
佳即作配　가랑과 배필을 하였도다、
天緣相逢　하늘의 여분이 서로 만났으니
和樂百年　백년을 화락 하리라、
井之以後　사십 이후에
渴馬逢川　목마른 말이 냇물을 마시도다、

百年琴宮　백년의 금슬궁은

夫婦相和　부부가 서로 화목 하도다、

才子佳人　재자와 가인이

相親相愛　서로 친애함이 있으리라、

妖花窺墻　요화가 담장을 엿보니

良人馳情　남편의 정이 요화에게 가도다、

早婚不利　조혼은 불리하나

晚娶則吉　늦은 후인은 길하리라、

床上宝琴　상 위에 좋은 거문고를 두고

久而不彈　오랫동안 타지 아니하도다、

東西向背　동서로 등을 지고 앉으니

琴瑟不和　금슬이 화목지 못하리라、

夫君何故　남편은 무슨 연고로

外房蕩情　외방에서 정을 쏠았는가고

若無此數　만일 이 수가 아니면

雖別難免　이별을 면치 못하리라、

兩人之情
두 사람의 정의는
探花蜂蝶
꽃을 탐하는 봉접과 같도다、
一夜狂風
하룻밤 광풍에
花蝶各飛
꽃과 나비가 각기 나르리라、
如不死別
만일 주어 이별이 아니면
生雖之數
생이별 수가 있도다、
獨守幾年
독수공방 몇년 후에
再期佳緣
다시 가연을 맺게 되리라、

鴛鴦枕上
원앙의 벼개 위에
可期百年
백년을 기약하도다、
天緣同居
하늘의 인연이 같이 거하니
致富之命
치부할 운이로다、
和氣融々
화기가 넘칠 것이요
子孫昌盛
자손이 창성하리라、
井之五七
사십 오칠세가 되면
年運大通
여운이 대통하도다、

<table>
<tr><td>（부중）夫重</td><td>（처이）妻姙</td></tr>
</table>

日暮西天　서천에 날이 저물면
獨坐嘆息　홀로 앉아 탄식하도다、
愛妻何去　애처는 어디로 가고
長年獨宿　오래 독수 공방하는고
木雁三飛　목안이 세번 날으니
再聚難免　재취함을 면치 못하도다、
莫恨初年　초년의 운을 탄식 말라
申後太平　중년후로는 태평하리라、

花園春暮　화원에 봄이 저무니
正妻難別　정처를 이별하도다、
琴瑟雖和　금슬은 비록 좋다구나하나
難別何免　이별 수를 어찌 면하리요
若不然也　그렇지 아니하면
妻妾之數　처첩을 거느릴 수로다、
末年榮華　말년의 영화는
子孫之運　자손의 운이리라、

（자 극）子克　　　**（처 중）妻重**

桃花重犯　도화살이 거듭 침범하니

重々妻妾　중々한 처첩이로다

庭前池塘　뜰앞 연못에

駕鴦不和　원앙이 화목치 못하리라

爲人豪蕩　위인이 호탕하고

用錢如水　돈을 물같이 쓰도다

早婚不利　조혼은 이롭지 못하나

晚娶則吉　늦게 얻으면 길하리라、

秋月丹楓　추월에 단풍이 드니

憂愁度日　근심으로 날을 보내도다、

琴瑟不和　금슬이 화목치 못할 것이요

不然雖別　그렇지 않으면 이별하리라、

琴瑟和樂　금슬이 화락하면

克子可畏　극자할까 두렵도다、

末年之數　말년의 운수

一身太平　일신이 태평하리라、

三、蘭宮(子宮) (女子)

蘭宮(난궁)은 곧 子宮(자궁)이니 四柱中(사주중)에 子(자)의 多少(다소)와 子宮(자궁)을 害(해)하는 殺(살)의 有無(유무)및 禍厄(도액)에 關한 것을 論述(논술)하였다.

◎ 보는법

生年(생년)과 生時로 보나니 子年 丑年 寅年(자년 축년 인년)은 生年이요 寅卯辰巳午(인묘진사오)는 生時이바 가령 子年(자년) 巳時(사시)면 一橋(일교)요, 丑年(축년) 辰時(진시)면 三橋(삼교)요, 午年(오년) 未時(미시)면, 九橋(구교)가 되나니 달는 生年生時(생년생시)도 이 順서로 보나니라.

生年 / 生時	一橋(일교)	二橋(이교)	三橋(삼교)	四橋(사교)	五橋(오교)	六橋(육교)	七橋(칠교)	八橋(팔교)	九橋(구교)	十橋(십교)	十一橋(십일교)	十二橋(십이교)
子年	巳	午	未	申	酉	戌	亥	子	丑	寅	卯	辰
丑年	寅	卯	辰	巳	午	未	申	酉	戌	亥	子	丑
寅年	亥	子	丑	寅	卯	辰	巳	午	未	申	酉	戌
卯年	申	酉	戌	亥	子	丑	寅	卯	辰	巳	午	未
辰年	巳	午	未	申	酉	戌	亥	子	丑	寅	卯	辰
巳年	寅	卯	辰	巳	午	未	申	酉	戌	亥	子	丑
午年	亥	子	丑	寅	卯	辰	巳	午	未	申	酉	戌
未年	申	酉	戌	亥	子	丑	寅	卯	辰	巳	午	未
申年	巳	午	未	申	酉	戌	亥	子	丑	寅	卯	辰
酉年	寅	卯	辰	巳	午	未	申	酉	戌	亥	子	丑
戌年	亥	子	丑	寅	卯	辰	巳	午	未	申	酉	戌
亥年	申	酉	戌	亥	子	丑	寅	卯	辰	巳	午	未

（교 이）　橋 二

（교 일）　橋 一

蘭宮之数　자식구의 수는
三子同榮　삼자 동영하리라、
美哉子宮　아름답다 자식궁이여
何羨荀龍　어찌 순용같음이가 부러우리요、
年爲安宅　해마다 안택을 하였으면、
一子登科　일자는 등과 하리라、

春回寶樹　봄이 보배나무에 돌아오니
二枝同榮　두 아들의 영화로다、
献誠北斗　북두에 정성을 드리면
三子可期　삼자를 기약 하리라、
年爲禱厄　해마다 액을 빌으라、
富榮可得　부귀영화를 누리리라、

（교 삼）橋三

庭前室樹　뜰앞의 보배나무는

三枝迎春　세 가지가 봄을 만났도다、

蘭宮不利　난궁이 불리하도다、

天狗作害　천구살이 해를 끼치니

七星祈禱　칠성에 기도하라

二子可全　이자가 온전하리라、

（교 사）橋四

春深蘭宮　봄이 난궁에 깊었으니

四枝同榮　네가지가 동영하리라、

一冷甘雨　한흡의 단비에

百花爛熳　백화가 난만하도다、

至誠山祭　지성으로 산제하라

一子貴榮　일자는 귀히 되리라、

<table>
<tr><td>

（교 유） 橋 六

或有二三　혹 이삼자를 두었으나
早子難養　이른 아들은 기르기 어려우리라、
平生所忌　평생의 꺼릴바는
勿食狗肉　개고기를 먹지말라、
佛前致誠　불전에 치성하라
一字之数　일자를 두리라、

</td><td>

（교 오） 橋 五

蘭宮之数　자궁의 운수는
三子同榮　삼자가 동영하리라、
若不穰星　마을 침성이 공이 없으면
早子難養　이른 아들을 기르기 어렵도다、
年爲安宅　해마다 안택을 하라
家道漸富　가도가 점점 부하리라、

</td></tr>
</table>

橋七 (교 칠)

宝樹三枝　보배나무는 세 가지로 되

二枝有實　두 가지가 열매를 맺도다、

早爲防厄　미리 액을 막으라、

天狗来侵　천구가 침노하니

七星献功　칠성에 공을 드리면

二子分明　두 아들이 분명하리라、

橋八 (교 팔)

子宮有厄　자궁에 액이 있으니

伯道無子　백도의 무자할 팔자로다、

名山祈禱　명산에 기도하고

佛前致誠　불전에 치성하라、

晚得両男　늦게 두 아들을 두어

一子可貴　일자는 귀히 되리라、

九橋 (구교)

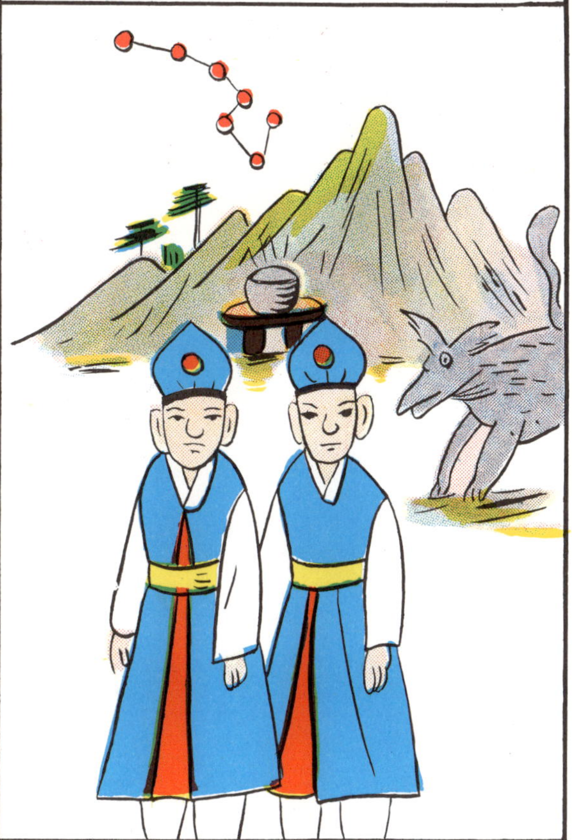

子宮有厄
早子難養
天狗作害
予防禱厄
至誠如此
二子同榮

자궁에 액이 있으니
이른 아들은 기르기 어렵도다、
천구살이 해를 하니
예방 도액하라、
지성이 이 같으면
두 아들에 영화가 있으리라、

十橋 (교섭)

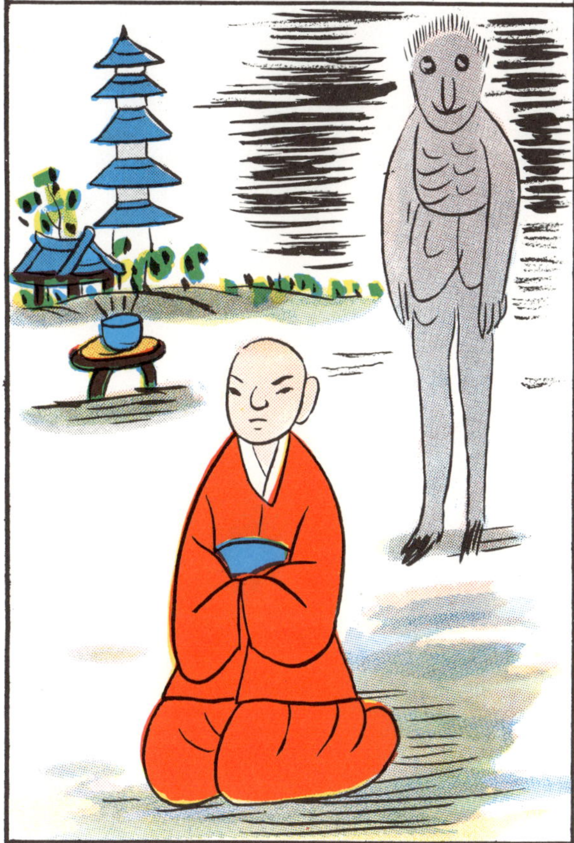

運在病宮
子宮不吉
鬼殺來侵
致誠佛前
有功一子
不然無后

운이 병궁에 있으니
자식궁이 불길하도다、
귀살이 침노하니
불전에 치성하라、
공이 있으면 일자수요
불연이면 무후하리라、

高松危枝　높은 소나무 위험한 가지에

幼兒孤立　어린 아이가 홀로 섰도다,

名山祈禱　명산에 기도하라

一子可得　한 아들을 보게 되리라,

若不然也　그렇지 아니하면

外妻有子　외처의 몸에 자손을 보리라,

蘭宮之数　자식궁의 수는

五子同榮　오자가 동영하리라,

眼前成行　눈앞에 행렬을 이루니

膝下之慶　슬하의 경사로다,

一子貴榮　일자는 영귀하니

桂花折挿　계화를 머리에 꽂았도다,

第四章 職業 (직업 업)

본궁은 職業(직업)을 說明(설명)함이라, 어느 사람을 물론하고 한 사람에게 한가지 직업이 있나니, 人間(인간)은 本職(본직)을 모르고 있는자 많으지라, 그럼으로 四柱(사주)에 나타난 적당한 직업을 이 장에서는 자세히 설명하였다.

◎ 보는법

生年(생년)과 生月(생월)을 天干(천간)으로 보나니 생년은 天干(천간)을 爲主(위주)로 보나주로 하고 生月(생월)을 찾나니라, 甲,乙,丙,丁은 생년이요, 正二, 三,四,五는 生月이니 이 같은 예로 써 찾아보라,

生月 / 生年	官人(관인) / 農業(농업)	屠宰(도재) / 魚商(어상)	書藝(서예) / 百工(백공)	打冶(타야) / 木工(목공)	醫術(의술) / 陶工(도공)	酒館(주관) / 運輸(운수)	音樂(음악) / 放狼(방랑)	卜術(복술) / 捕獸(포수)	僧道(승도) / 牧畜(목축)	裁縫(재봉) / 教師(교사)	穀商(곡상) / 武俠(무협)	修作(수작) / 重釣(중조)
甲年	正	二	三	四	五	六	七	八	九	十	十一	十二
乙年	二	三	四	五	六	七	八	九	十	十一	十二	正
丙年	三	四	五	六	七	八	九	十	十一	十二	正	二
丁年	四	五	六	七	八	九	十	十一	十二	正	二	三
戊年	五	六	七	八	九	十	十一	十二	正	二	三	四
己年	六	七	八	九	十	十一	十二	正	二	三	四	五
庚年	七	八	九	十	十一	十二	正	二	三	四	五	六
辛年	八	九	十	十一	十二	正	二	三	四	五	六	七
壬年	九	十	十一	十二	正	二	三	四	五	六	七	八
癸年	十	十一	十二	正	二	三	四	五	六	七	八	九

官人 (관인)

若勤學問　학문을 부지런히 배웠으면
早年出仕　일찍 벼슬에 오르리라、
大人宰相　대인은 재상격이요
小人胥吏　소인은 서리의 벼슬이로다、
一呼百諾　한번 불르면 백인이 대답하니
萬人仰視　만인이 우러러 보리라、

農業 (농업)

百穀有利　백곡이 우리하니
農業最吉　농업이 가장 길하리라、
牛羊自盛　소와 양이 자연히 번성하고
主廣置　　전장을 넓게 장만하도다、
富貴多男　부귀다남하니
多福之人　다복한 사람이라 칭하리라、

（상　어）商魚

路上去來　노상에서 거래하니
行商八字　행상의 팔자로다、
若非行商　만일 행상이 아니면
魚物有利　어물이 유익하리라、
晝夜閱人　주야로 사람을 열여하야
手弄千金　천금을 희롱하리라、

（재　도）宰屠

手把金斧　손에 도끼를 쥐고
日殺牛羊　날마다 우양을 잡으리라、
莫嘆身勢　신세를 한탄 마라
貴賤自有　귀천이 운에 있는 바로다、
雖稱賤業　비록 직업은 천하나
財物自來　재물이 스스로 이르리라、

書藝（서 예）

聰明才略　총명하고 재략이 있으며
文藝出衆　글 재주가 출중하도다、
若非書畵　만일 서화에 능숙지 않으면
手才必妙　손재주가 반드시 묘하리라、
或行醫術　혹 의술도 행할 것이오
或以農業　혹은 농업도 길하리라、

百工（공 백）

此人職業　이사람의 직업은
技術成功　기술로 성공하리라、
才藝巧妙　재예가 교묘하니
恒無逸時　항시 한가한 때가 없도다、
金銀百工　금과 은과 백공의 업은
衣食豊足　의식이 풍족하리라、

鐵物有利　철물에 이가 있으니
打鐵生涯　쇠를 두드려 생애하리라、
名聲藉々　명성이 자자하도다、
日就月將　일취월장하니
身在富名　부자의 이름을 들으니
可笑石崇　석숭같은 부자를 비웃으리라、

若非剋金　만일 쇠를 다루지 아니하면
以木聚財　나무로 재물을 모으도다、
精密手藝　정밀한 수예가 있으니
萬人稱讚　만인이 칭찬하도다、
以小成大　적은 것으로 큰 것을 만드니
家産豊足　가산이 풍족하리라、

| 陶 工 （공도） | 醫 術 （의술） |

才藝出衆하니
用錢如水하리라 재예가 출중하니 돈 쓰기를 물같이 하리라、

神農遺業 신농씨의 유업으로
醫術生涯 의술로 생애하도다、

若非醫藥 만일 의약을 다루지 않으면
農業最吉 농업이 가장 길하리라、

此人職業 이 사람의 직업은
以土成器 흙으로 그릇을 만들도다、

萬人閱歷 만인을 열력하니
何人不知 아지 못하는 사람이 없도다、

日々興財 날로 재물이 흥하니
末年太平 말년에 태평하리라、

（수 운） 輸 運	（관 주） 館 酒

此人實業　이 사람의 실업은
運輸得利　운수사업에서 이를 보리라、
南北千里　남북 천리에
奔走不暇　분주하여 한가한 날이 없도다、
雖曰多勞　비록 몸은 고되나
衣食豐足　의식은 풍족하리라、

君之八字　그대의 팔자는
酒商生涯　술장사로 생애하리라、
花柳春風　화류 춘풍에
賣酒杏村　술파는 행화촌이로다、
用錢如水　돈 쓰기를 물같이 하니
人稱豪傑　사람마다 호걸이라 칭하리라、

음 악（音樂）

若非官位　만일 벼슬을 못하면
風流歲月　풍류로 세월을 보내리라、
酒肆靑楼　주사 청루에
豪傑俠士　호걸 협사로다、
若非此運　만일 이 운이 아니면
東西流難　동과 서에 유리하리라、

방 랑（放浪）

遍踏江山　강산을 편답하니
天地爲家　천지로 집을 삼으리라、
四方求財　사방에서 재물을 구하여
僅々衣食　근근히 의식하도다、
莫恨初困　초년의 곤고를 단식말라
后分太平　후분은 태평하리라、

卜術（복술）

此人八字　이 사람의 팔자는
卜術聚財　복술로 재물을 뭉으리라、
或爲地師　혹 지관이 될 것이요
以卜幽宅　음택 양택도 잘 하도다、
名聲藉藉　명성이 자자하니
人人願見　사람마다 우럴어 보리라、

捕獸（포수）

手執生殺　손에 생살권을 잡고
身煩東西　동서에 번거로히 다니리라、
放砲一聲　방포 일성에
禽獸皆驚　금수가 모두 놀라도다、
大人逢此　큰 사람이 이 운을 만나면
百萬大將　백만의 대장이 되리라、

此人實業 이 사람의 실업은
牧畜生涯 목축으로 생애하리라
田園綠草 전원의 푸른 잔듸에
牛羊自盛 우양이 스스로 번셩하도다
若過卅年 만일 사십을 지나면
吉運到來 길운이 이르리라、

棄墳難親 부모와 친척을 버리고
身依山門 몸을 산문에 의지하도다、
閑坐念佛 한가히 앉아 염불하리라
松風蘿月 솔바람 나복 달에
若非此運 만일 이 운이 아니면
壽命不利 수명이 불리하리라、

交易市上
布木興利　교역하는 저자에 포목으로 이를 보리라、

食祿有餘
富名之人　식록에 남음이 있으니 부자될 사람이로다、

女子到此
針刺有名　여자가 이 운에 이르면 침선으로 유명하리라、

此人實業이 사람의 실업은
教訓子弟 자제를 훈교하리라、

先生之風
山高水長 선생의 기풍은 산같이 높고 물같이 깊도다、

満腹文章
人々願見 문장이 배에 가득하니 사람마다 보기를 원하리라、

侠武 (협무)　　穀商 (곡상)

穀商 (곡상)

積米如山　백미를 산같이 쌓았으니
陽翟大賈　양적같은 큰 장사군이로다

萬人閱歷　만인을 열역하니
手弄千金　손에 천금을 희롱하리라

若非此職　만일 곡상이 아니면
農業有利　농업이 유리하도다

侠武 (협무)

心剛口直　마음이 강직하고 입이 곧으니
不屈他人　타인에게 굴하지 아니하리라

武藝出衆　무예가 출중하니
手執兵權　손에 병권을 잡게 되도다

以武成功　무예로 성공하니
萬人仰視　만인이 우러러 보리라

修作（작수）

全州李公之墓
府君玶妾公
海州崔達孫

手藝出衆　수예가 출중하니
凡人不及　범인이 따르지 못하리라、
平生所業　평생의 취하는 업은
無所不爲　하지 못하는 바가 없도다、
木石善治　목석을 잘 다루니
日々興財　날로 흥재하리라、

垂釣（조수）

昔日姜公　옛날 강태공의
渭水之濱　위수의 물가로다、
一片孤舟　한쪽각 외로운 배에
垂釣閒翁　낚시를 드리운 한가한 늙은이로다、
莫嘆浮萍　부평같은 신세를 한타말라
後分成功　후분은 성공하리라、

一. 凶禍宮 (흉화궁)

凶禍宮(흉화궁)은 人間(인간)의 運
路中(운로중)에 何人(하인)을 막론
하고 凶厄(흉액)이 있어 不意之変
(불의지변)을 당하거나 혹은 喪
敗(상패), 難別(이별), 損財(손재)
및 官災(관재), 口舌(구설)로 인하
여 暫時(잠시) 또는 一生(일생)을
困苦(곤고)하게 지나는 것이다.

◎ 보는법

生年(생년—천간인 甲乙丙丁)과
生月(생월)로 본다. (단 이란에 해
당이 없는 사주는 흉화살이 없음)
가령 丁未年(정미년)五月生이면
赤狼(적랑)이요, 戊子年(무자년)九월
이면 六合(육합)이 되나니라.

四關(사관)	大耗(대모)	六合(육합)	官災(관재)	破家(파가)	小狼(소랑)	天狼(천랑)	八敗(팔패)	赤狼(적랑)	大敗(대패)	寡宿(과숙)	孤辰(고진)	生月＼生年
正	十	八	十二	正	五	九	六	五	九	四	正	甲年
三	十	五	八	六	三	十二	十二	十一	十二	十	四	乙年
四	九	七	十	六	正	九	六	十二	十二	四	四	丙年
五	八	十	三	二	七	十二	六	五	十二	四	七	丁年
六	十	九	十二	二	五	六	三	五	三	十	七	戊年
七	六	十二	五	六	十	十二	九	十二	三	正	十	己年
八	四	十	十二	五	正	六	九	二	三	七	九	庚年
九	四	三	四	十	八	六	二	八	六	七	十	辛年
十	三	二	正	正	六	六	三	三	六	四	正	壬年
十二	五	六	三	十二	十	十二	六	二	九	正	十	癸年

（고 진）辰孤

命人孤辰　명에 고진살이 드니
孤獨之狀　고독한 상이로다、
月夜獨叩盆　달밤에 동이를 두드리며
自嘆身勢　신세를 스스로 한탄하리라、
東西奔走　동서에 분주하니
他鄉之客　타향의 나그네로다、
幾年空房　몇년이나 공방살이를 하였는고
古梅回春　옛 매화에 봄이 돌아오리라、

（숙 과）宿寡

柔在寡宿　과숙살이 침입하니
獨守空房　독수공방 하리라、
廣大天地　광대한 천지에
一身無依　일신의 의지할 곳이 없도다、
天長地久　하늘은 무궁하고 땅은 오래인데
何日叙情　어느날 정을 펴 보리요、
三十以後　삼십 이후로나
曙光漸開　서광이 점차로 열리리라、

大敗 (대패)

花落蝶去　꽃이 지고 나비는 날아 갔으니
琴瑟不足　금슬이 부족하도다、
若非配宮　만일 배궁의 액이 아니면
火厄愼之　화액을 조심하라、
家産大敗　가산을 크게 패한
東西奔走　동서에 분주하리라、
困窮之餘　곤궁한 나머지에
敗數何多　패수는 어이 많은고、

赤狼 (적랑)

莫守古基　옛터를 지키지 말라
財敗頻〻　재물을 번々히 패하리라
千里関山　천리 관산에서
獨自彷徨　홀로 방황하도다、
男負女戴　남부 여대하고
移去他鄕　타향에 옮겨 가리라、
以手致敗　손으로써 치패를 하리니
莫近酒色　주색을 가까이 말라、

小年之時　소년의 시절에
何而多厄　어찌 이다지도 많은 액이 왔는고
雷聲忽起　우뢰소리가 홀연 일어나니
禽獸皆驚　금수가 다 놀라리라、
遠途他鄕　먼길 타향에
時疾可畏　시질을 만날까 두렵도다
初年之事　초년의 일은
有頭無尾　머리는 왔으되 꼬리가 없으리라、

驚風驚虎　바람에 놀라고 범에 놀라니
落眉之厄　눈섭 아래 떨어진 액이로다、
若不然也　그렇지 아니하면
官厄愼之　관액을 조심하라、
女子到此　여자가 이 수에 이르면
巫女八字　무녀의 팔자로다、
莫向深山　깊은 산에 가지 말라
虎厄可畏　호액이 가히 두렵도다、

|  |  |

(파 가) 破家 　　　 (소 랑) 狼小

青氈遺業　조상이 끼친 재산은
一朝見敗　하루 아침에 패를 보리라、
古基不利　옛터는 이롭지 못하니
難鄉爲吉　고향을 떠남이 좋으리라、
東食西宿　동에서 먹고 서에서 자니
一身奔走　일신이 분주하도다、
身如浮萍　몸이 부평과 같으니
何人助我　누가 나를 도와주리오.

男則喪妻　남자는 상처하고
女命剋夫　여자는 상부하리라、
烏飛梨落　까마귀 날으자 배가 떨어지니
必見橫厄　횡액을 당하리라、
莫近是非　시비를 가까이 말라
口舌紛々　구설이 분분하도다、
誠心祈禱　성심으로 기도하면
庶免此厄　이 액을 면하게 되리라、

官 災 （관재）

身運否塞　신운이 비색하니
禍厄重重　화액이 중중하도다、
心無不仁　마음은 비록 착하나
天何不願　하늘이 어찌 돌보지 않는고、
莫近是非　시비를 가까이 말라
官災難免　관재수를 면하기 어렵도다、
必慎必戒　반드시 근신하고 경계하면
可免此厄　가히 이 액을 면하리라、

六 合 （육합）

夫婦之間　부부지간에
百年和樂　백년화락하도다、
上下和同　상하가 함께 화목하니
一家太平　일가가 태평하리라
四方聚財　사방에서 재물을 모으니
乃積乃倉　창고에 가득히 쌓이도다、
天乙星照　천을성이 비쳤으니
末年富貴　말년에 부귀하리라、

千里關山
客愁凄然
敗家之子
流離之人
日暮西天
夫妻難別
積德行善
厄消福來

천리 관산에
객수가 처연하도다、
패가한 아들이요
유리하는 사람이로다、
날이 서천에 저무니
부부 이별하도다、
덕을 쌓고 선을 행하면
액이 사라지고 복이 오리라、

柱入四關
子々之人
若非早失
兄弟分難
無邊滄海
一葉孤舟
若非僧道
壽命不足

사주에 사관이 드니
현々 단신이로다、
만일 조실부모 아니하면
형제가 분리하리라、
무변창해에
한 잎의 외로운 배로다、
만일 승도가 아니되면
수명이 부족하리라、

二、吉福宮（길 복 궁）

이 吉福宮(길복궁)은 四柱(사주) 가운데의 吉運(길복운)을 論述(논술)함이니 이 길복궁에 吉星(길성)이 많으면 凶殺(흉살)도 制化(제화)하나니라、

◎ 보는법

生年 天干을 기준하여 月日 時를 모두 대조하여 본다。그러므로 이곳을 보려면 우선 四柱(年月日時)의 干支를 정해 놓고 아래 표와 대조하여 해당되는 곳이 있으면 찾아 보고、없으면 이에 해당이 안 되는 것이다。단 한 사람이 여러 곳이 해당되기도 하고、한 곳도 없는 경우도 있다는 점을 알아두어야 한다。

生年 \ 生時	福官(복관)	貴藝(귀예)	旺子極(왕자극)	合乙(합을)	食增(식증)	印門(인문)	巨富(거부)	武庫(무고)	山河(산하)	官印(관인)	施横(시횡)	財庫(재고)
甲年	酉	辰	子	子	子	子	丑	巳	午	癸	癸	戊
乙年	申	巳	午	亥	亥	亥	寅	丑	未	壬	壬	己
丙年	卯	未	酉	卯	卯	卯	辰	巳	午	乙	乙	庚
丁年	亥	申	卯	寅	寅	寅	巳	未	丑	甲	甲	辛
戊年	卯	未	巳	午	午	午	辰	巳	午	丁	丁	壬
己年	寅	申	午	巳	巳	巳	巳	未	丑	丙	丙	癸
庚年	寅	戌	寅	午	午	午	未	亥	子	己	己	甲
辛年	午	亥	亥	巳	巳	巳	申	丑	未	戊	戊	乙
壬年	巳	丑	巳	酉	酉	酉	戌	亥	子	辛	辛	丙
癸年	午	寅	申	寅	寅	寅	亥	子	亥	庚	庚	丁

<table>
<tr><td>

(관　복)　官　福

柱臨福官　사주에 복관이 드니
富豪之命　부호의 명이로다、
初中平吉　초、중년은 평평하고
末年大富　말년은 큰 부자가 되리라
四方有祿　사방에 녹이 있으며
到處得財　도처에서 재물을 얻으리라
露庫如山　노적창고가 산과 같으니
何羨金谷　어찌 금곡을 부러워 하리요、

</td><td>

(예　귀)　藝　貴

周遊四方　사방에 두루 다니며
流離之士　유리하는 선비로다、
橫財有數　횡재수가 있으며
千金自來　천금이 스스로 이르리라
若非妻家　만일 처가의 덕이 아니면
養家之財　양가의 재산이로다、
此人之事　이 사람의 행하는 일은
一生奔走　일생 분주하리라、

</td></tr>
</table>

命入合乙 명에 합을이 드니
貴人之狀 귀인의 상이로다、
長安大道 장안의 근 길에
日傘浮前 일산이 앞에 떴도다、
一生榮華 일생에 영화 있으니
名垂竹帛 일흠을 죽백에 드리우리라、
平生所樂 평생의 즐겨하는 바는
青雲之客 공명에 있음이로다、

貴祿佩印 귀록에 관인을 찾으니
富貴無比 부귀가 비할데 없으리라、
閒坐瓦屋 한가히 기와집에 앉았으니
一生太平 일생 태평하도다、
天喜來照 천희성이 조림하였으니
陶朱何羨 도주같은 부자가 어찌 부러우리요
旺運自來 왕운이 자연히 일르매
富貴多男 부귀 다남하리라、

（문인） 門印	（증식） 增食

獨坐高位 홀로 높은 자리에 앉았으니
萬人仰視 만인이 우러러 보도다、
經國清世 경국 제세할 것이요
以撫蒼生 창생을 안무하리라、
若非高官 만일 고관이 아니되면
反爲災殃 오히려 재앙을 입으리라、
此人之事 이 사람의 일은
女乱失敗 여난으로 실패하리라、

高楼巨閣 높은 누각 큰 집에
夫婦同坐 부부가 함께 앉았으되、
運在食增 운이 식증에 왔으니
平生不貧 평생 간난하지 않으리라、
末年之運 말년의 운은
倉庫露積 창고와 노적이 즐비하도다、
名播四方 이름을 사방에 뿌리니
何人不羨 누가 부러워 아니 하리요、

武庫（고무）

身帶將印　몸에 장수인을 찼으니
百萬其帥　백만의 원수로다、
手執兵權　손에 병권을 쥐고
号令軍中　군중을 호령하리라、
眼前旗幟　눈앞에 구수한 기가 나부끼니
無数之兵　무수한 병졸을 거느렸도다
少年勤苦　소년의 근고함이
末年之福　말년의 복이 되리라、

巨富（부거）

陰陽相和　음양이 서로 화합하니
夫婦百年　부부가 백년 해로 하리라、
富貴名達　부귀와 명달은
人間第一　인간의 제일이로다、
長安大道　장안의 큰 길에
馳馬紅塵　홍진을 일으키며 말을 달리도다、
男兒得志　남아가 뜻을 얻음이여
正在此時　바로 이때라 하리라、

印官 （인 관）　　河山 （하 산）

河山 （하산）

武藝出衆하니
少年出世하리라、
身佩將印하야 몸에 장수인을 찼으니
威似雷霆하야 위엄은 뇌정 같도다
一聲號令한 소리 호령에
鎮壓邊疆하야 변강의 무리를 진압하도다、
馬頭帶金말 머리에 금띠를 두르고
錦衣還鄉금의 환향하게 되리라、

印官 （인관）

身帶官印 몸에 관인을 띠었으니
佩印榮華관인을 찬 영화로다
大運何時큰 운은 어느 때 돌아올고
末年之数 말년이라 하겠도다
身被錦衣 몸에 비단옷을 입고
童子侍立동자가 시립하였다、
吉中有凶길 한 가운데 흉이 있으니
横厄慎之 횡액을 조심하라、

（고재）　財庫

（횡시）　橫施

身帶財庫
　몸에 재고를 띄었으니
富名可期
　부명을 기약하도다、
論其夫婦
　그 부부를 논하면
和樂百年
　백년을 화락하리라、
前後露積
　앞뒤에 노적이오
田庄廣置
　전장도 넓게 장만하도다、
間有口舌
　간혹 구설수가 있으며
衆人之寬
　중인의 원망도 있으리라、

柱帶施橫
　사주에 시횡을 띄었으니
橫財之數
　횡재의 운이로다、
曉中貴祿
　암중에도 귀록이 있으니
致富之格
　치부할 격이 되리라
朱欄畵閣
　붉은 난간 그림같은 누각에
夫婦百年
　부부 백년해로 하도다、
末年之運
　말년의 운은
身入金谷
　몸이 금곡에 들어가리라、

第六章 家宅宮 (가택궁)

家宅宮(가택궁)이라 함은 인간이 一生(일생)동안 居住(거주)하는 가택을 정함에 四柱(사주)에 맞는 家宅坐向(가택좌향)으로 가택을 지으면 凶厄(흉액)을 면하고 吉運(길운)이 돌아오는 것이니 참고하여 보라、

◎ 보는법

단순히 自己(자기)의 生時(생시)로 보나니、가령 子時生(자시생)이이면 子貴(자귀)요 丑時生(축시생)이면 丑厄(축액)이요、寅時生(인시생)이면 寅權(이권)이 되나니라、

子時	丑時	寅時	卯時	辰時	巳時	午時	未時	申時	酉時	戌時	亥時
子貴 (자귀)	丑厄 (축액)	寅權 (이권)	卯破 (묘파)	辰奸 (진간)	巳文 (사문)	午福 (오복)	未驛 (미역)	申孤 (신고)	酉刃 (유인)	戌藝 (술예)	亥壽 (해수)

貴子
(자 커)

子 貴
成敗累次 성패수가 여러번 왔으매
一苦他鄕 한때 타향에서 고생하리라,
丙坐壬向 병좌 임향(북향부근)은
衣食自足 의식이 스스로 족하도다,
爲人早達 위인이 조달할 것이오
百福兼全 백가지 복이 겸전하리라,

丑 厄
(액 츅)

身厄配厄 신액과 배궁에 액이 있으니
初年不好 초년은 좋지 못하리라,
一生吉基 일생의 길한 터는
丑坐未向 축좌 미향(서남)이로다,
身安心樂 몸이 편하고 마음이 즐거우니
太平百年 백년을 태평하게 지내리라,

（권　인）　權寅
吉基何處
丑坐未向　좋은 터가 어느 곳인고 축좌 미향(서남향)이로다、
早子難養　일른 아들은 기르기 어려우니
積善則吉　적선하면 길하리라、
可擇此地　가히 이 터를 가리어 살면
家給人足　집안과 식구가 번족하리라、
（파　묘）　破卯
若非火災　화재수가 아니면
一驚河伯　한번 물에 놀라리라、
巳亥家坐
身勢好安　사좌 해향(북향쪽)의 집은 신세가 편안하도다、
晝思夜算　주야로 계산하니
心因富豪　마침내 부호가 되리라、

莫入是非　시비에 들지 말라
一聞口舌　한번 구설을 듣게 되리라、
子午家坐　자좌 오향(남향)의 자리는
凶反爲福　흉함이 도리어 복이 되도다、
卜居吉基　좋은 터를 가리어 살라
事事如意　일마다 뜻과 같으리라、

性急易解　성품이 급하나 쉽게 풀리며
内多人情　안으로 인정이 많으리라、
卯坐家基　묘좌(서향)의 집터는
自然發福　자연히 발복하리라
星照吉基　길성이 길한 터에 뻗치니
百殺自消　백가지 살이 자연 사라지리라、

驛未 (역 미)	福午 (복 오)
執權用錢 亦是風霜 권세를 잡고 돈을 잘쓰나 역시 풍상을 면치 못하리라 辰戌之坐 大吉又旺 진좌 술향(서북)은 대길하여 운이 왕성하리라、 福地生吉 五福日至 복된 땅에 길우이 일어나 오복이 날로 이르도다、	偶然是非 一苦他鄉 우연한 시비수가 있으며 한때 타향에서 고생하리라、 壬丙家生 財數大吉 임좌 병향(남향부)의 집은 재수가 대길하도다、 出將入相 富貴兼全 나가면 장수요 들면 정승이니 부귀 겸전하게 되리라、

孤申 (고신)

莫入是非 시비 가운데 들지 말라
橫厄口舌 횡액과 구설이 있도다,
辰戌家坐 진좌 술향(서북)은
可免此厄 가히 이 액을 면하리라,
火来生土 불에서 흙이 생하는 바니
喜添田土 전토가 불어나도다,

刃酉 (인유)

由人害多 남으로 인하여 소해가 많으니
慎之巳戌 사술년을 삼가하라,
欲圖吉基 좋은 터를 도모하려면
乾坐巽向 건좌 손향(동남)으로 정하라,
轉禍爲福 화가 굴러 복이 될 것이요
凶反變吉 흉함이 길함으로 변하리라,

藝成（예술）

智慧有足　지혜가 족함이 있으니

能免死境　능히 사경을 면하리라、

子午之坐　자오（남북향）의 좌 향은

百事自成　백사가 스스로 일우어지도다、

早定吉基　일찍 좋은 터를 정하라

以受享福　복록을 누리게 되리라、

壽亥（수해）

壽福在天　수복이 하늘에 매였으니

用之不渴　둠을 써도 말지 아니하도다、

卯酉家坐　동과 서의 좌 향은

家道自盛　가도가 스스로 번성하리라、

欲享壽福　수복을 누리고자 하면

先看坐向　먼저 좌 향을 정해 살라、

第七章 身上八宮 (신상팔궁)

八宮(팔궁)은 頭手肩腹胸陰耳足(두、수、견、복、흉、음、이족)의 여덟가지로 어느것이 吉(길)하며 어느것이 凶(흉)한 가를 알고자 함이니라、

◎ 보는법

자기의 生月(생월)과 生時(생시)로 찾아 보나니、가령 正二三月(정이삼월)생이 亥時(해시)나 巳時(사시)에 낳았으면 手(수)를 찾고、戌時(술시)면 腹(복)을 찾는다、또는 四五六月(사오유월)생이 생시가 申時(신시)면 頭(두)요、酉時(유신)나 未時(미시)면 耳(이)가 되다、

生月＼生時	正月	二月	三月	四月	五月	六月	七月	八月	九月	十月	十一月	十二月
頭(두)	寅	〃	〃	申	〃	〃	巳	〃	〃	亥	〃	〃
手(수)	亥巳	〃	〃	巳亥	〃	〃	寅申	〃	〃	申寅	〃	〃
肩(견)	辰子	〃	〃	戌午	〃	〃	未卯	〃	〃	丑酉	〃	〃
腹(복)	戌	〃	〃	辰	〃	〃	丑	〃	〃	未	〃	〃
胸(흉)	午	〃	〃	子	〃	〃	酉	〃	〃	卯	〃	〃
陰(음)	申	〃	〃	寅	〃	〃	亥	〃	〃	巳	〃	〃
耳(이)	卯丑	〃	〃	酉未	〃	〃	午辰	〃	〃	子戌	〃	〃
足(족)	未酉	〃	〃	丑卯	〃	〃	戌子	〃	〃	辰午	〃	〃

（수） 手	（두） 頭

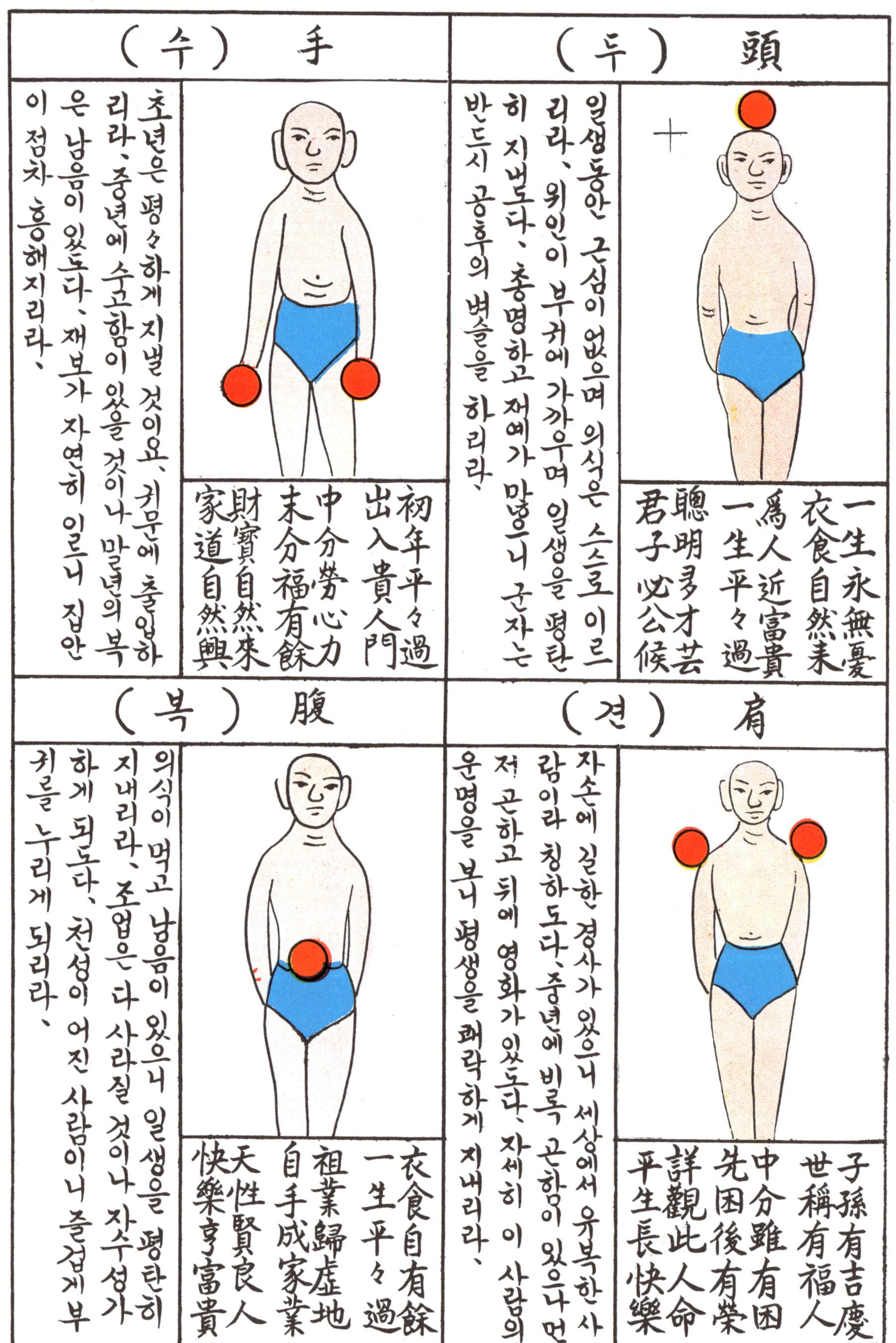

（두） 頭

일생동안 근심이 없으며 의식은 스스로 이르리라、 위인이 부귀에 가까우며 일생을 평탄히 지내보다、 총명하고 재예가 많으니 군자는 반드시 공후의 벼슬을 하리라、

一生永無憂
衣食自然未
爲人近富貴
一生平々過
聰明多才芸
君子必公候

（수） 手

초년은 평々하게 지낼 것이요、 키문에 출입하리라、 중년에 수고함이 있을 것이나 말년의 복운 남음이 있으리라、 재보가 자연히 이르니 집안이 점차 흥해지리라、

初年平々過
出入貴人門
中分勞心力
末分福有餘
財寶自然來
家道自然興

（복） 腹

의식이 먹고 남음이 있으니 일생을 평탄히 지내리라、 조업은 다 사라질 것이나 자수성가 하게 되도다、 천성이 어진 사람이니 즐겁게 부귀를 누리게 되리라、

衣食自有餘
一生平々過
祖業歸虛地
自手成家業
天性賢良人
快樂享富貴

（견） 肩

자손에 길한 경사가 있으니 세상에서 유복한 사람이라 칭하도다、 중년에 비록 곤함이 있다면 저 곤하고 뒤에 영화가 있도다、 자세히 이 사람의 운명을 보니 평생을 쾌락하게 지내리라、

子孫有吉慶
世稱有福人
中分雖有困
先困後有榮
詳觀此人命
平生長快樂

| （음） 陰 | （흉） 胸 |

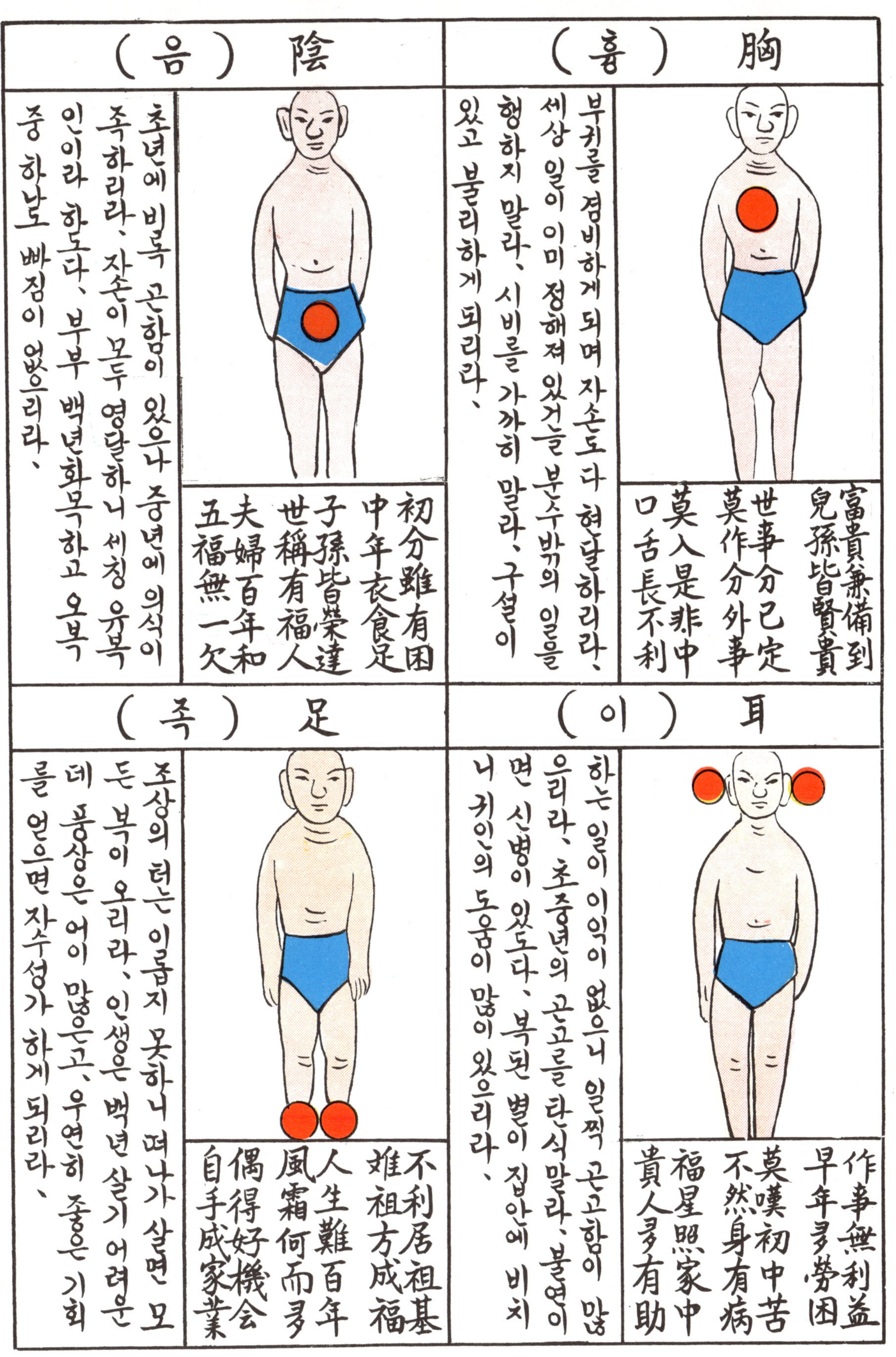

胸 （흉）

부귀를 겸비하게 되며 자손도 다 현달하리라、
세상 일이 이미 정해져 있거늘 분수밖의 일을
행하지 말라、시비를 가까이 말라、구설이
있고 불리하게 되리라、

富貴兼備到
兒孫皆賢貴
世事分已定
莫作分外事
莫入是非中
口舌長不利

陰 （음）

초년에 비록 곤함이 있으나 중년에 의식이
족하리라、자손이 모두 영달하니 세칭 유복
인이라 하노라、부부 백년화목하고 오복
중 하나도 빠짐이 없으리라、

初分雖有困
中年衣食足
子孫皆榮達
世稱有福人
夫婦百年和
五福無一欠

耳 （이）

하는 일이 이익이 없으니 일찍 곤고함이 많음
으리라、초중년의 곤고를 탄식 말라、불연이
면 신병이 있도다、복된 별이 집안에 비치
니 귀인의 도움이 많이 있으리라、

作事無利益
早年多勞困
莫嘆初中苦
不然身有病
福星照家中
貴人多有助

足 （족）

조상의 터는 이롭지 못하니 떠나가 살면 모
든 복이 오리라、인생은 백년 살기 어려운
데 풍상은 어이 많은고、우연히 좋은 기회
를 얻으면 자수성가 하게 되리라、

不利居祖基
難祖方成福
人生難百年
風霜何而多
偶得好機会
自手成家業

第八章 小兒関殺 (소아관살)

이 小兒関殺(소아관살)은 人間(인간)이 이 世上(세상)에 誕生(탄생)하여 十세 이전에 액이가장 많은 것이니 각기 関殺(관살)에 해당되는 四柱(사주)를 記入(기입)하였다. 각자가 사주에 관살이 있으면 예방하면 혹 액을 면하리니 가벼히 넘기지 말고 注視(주시)할지어라.

(一) 関殺 (살관)

生年＼生日	天吊関(쳔조관)	湯火関(탕화관)	五鬼関(오귀관)
子年	午巳	午	辰
丑年	子卯	未	卯
寅年	午辰	寅	寅
卯年	申午	午	丑
辰年	午巳	未	子
巳年	子卯	寅	亥
午年	午辰	午	戌
未年	申午	未	酉
申年	午巳	寅	申
酉年	子卯	午	未
戌年	午辰	未	午
亥年	申午	寅	巳

(二) 関殺 (살관)

生月＼生日	断橋関(단교관)	撞命関(당명관)
正月	寅	巳
二月	卯	未
三月	申	巳
四月	丑	子
五月	戌	午
六月	酉	午
七月	辰	丑
八月	巳	丑
九月	午	午
十月	未	亥
十一月	亥	未
十二月	子	亥

(三) 関殺 (살관)

<table>
<tr><th>生年＼生日</th><th>落井関(낙정관)</th><th>白虎関(백호관)</th></tr>
<tr><td>甲年</td><td>巳</td><td rowspan="2">金十卯</td></tr>
<tr><td>乙年</td><td>子</td></tr>
<tr><td>丙年</td><td>申</td><td rowspan="2">木十酉</td></tr>
<tr><td>丁年</td><td>戌</td></tr>
<tr><td>戊年</td><td>卯</td><td rowspan="2">水十午</td></tr>
<tr><td>己年</td><td>巳</td></tr>
<tr><td>庚年</td><td>子</td><td rowspan="2">火十子</td></tr>
<tr><td>辛年</td><td>申</td></tr>
<tr><td>壬年</td><td>戌</td><td rowspan="2">土十午</td></tr>
<tr><td>癸年</td><td>卯</td></tr>
</table>

小兒関殺(소아관살)四　日時 같이 해당

水火厄 (수화액)
正二三月─戌未日時　四五六月─丑辰日時　七八九月─丑戌日時　十十一二月─辰未日時

卞精關 (변정관)
正二三月─子酉寅日時　四五六月─巳亥戌日時　七八九月─丑申日時　十十一二月─午酉日時

鉄蛇關 (철사관)
金─戌日時　木─辰日時　火─未申日時　水─丑寅日時　土─丑寅日時(並納音五行)

四季關 (사계관)
正二三月生─巳丑日時　四五六月生─辰申日時　七八九月生─亥未日時　十十一二月生─寅戌日時

五鬼關 (오귀관)
亥卯未生─丑子日時　巳酉丑生─午丑日時　寅午戌生─卯辰日時　申子辰生─戌酉日時

関殺(관살) 五

이 小兒関殺(소아관살)은 찾는 법을 各項(각항) 밑에 직접 記入(기입)하였으니 각 항을 살필지니라,

(재관) 災官

이 살주는 官厄(관액)이다,　이 말은 사주이다、

子生─卯辰日時
丑生─辰巳日時
寅生─巳午日時
卯生─午未日時
辰生─未申日時
巳生─申酉日時
午生─酉戌日時
未生─戌亥日時
申生─亥子日時
酉生─子丑日時
戌生─丑寅日時
亥生─寅卯日時

(안맹) 眼盲

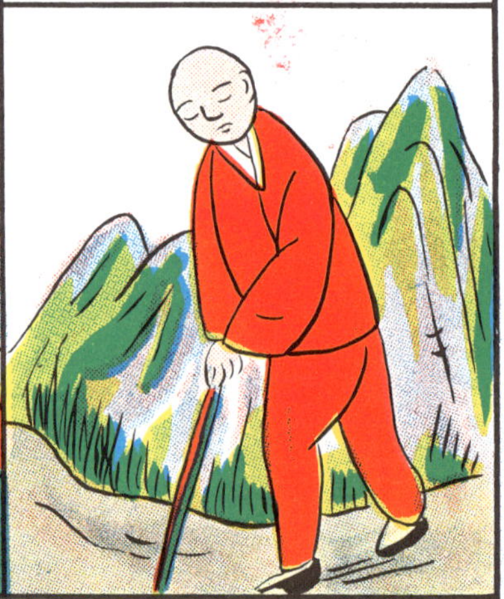

눈이 멀기 쉬운 사주
正二三月生ㅡ丑日時
四五六月生ㅡ申日時
七八九月生ㅡ未日時
十十一十二月生ㅡ寅日時

(다병) 多病

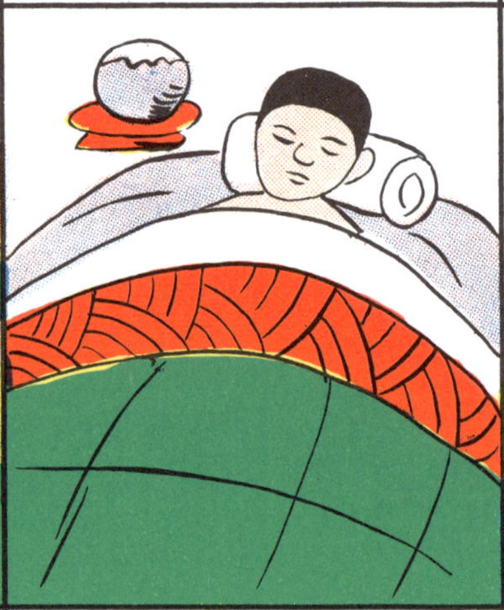

病(병)이 많은 사주、
納音五行(납음오행)
金生ㅡ亥日
木生ㅡ寅日
水生ㅡ巳日
火生ㅡ巳時
土生ㅡ申日

(구교) 狗蛟

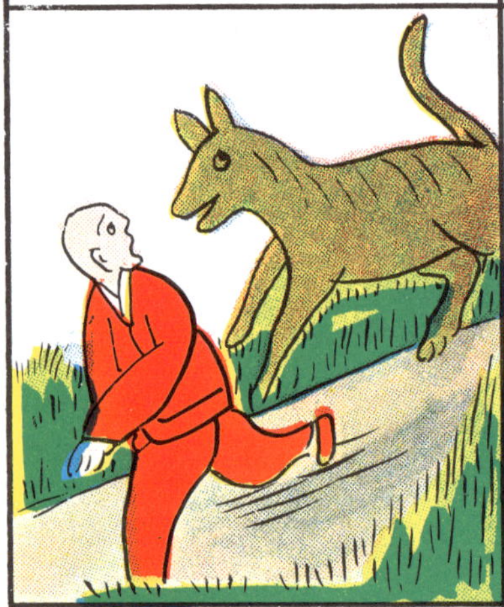

개에게 물릴액이 있으
니 주의하라、
寅午戌生＝正、七、四、六、十月生
巳酉丑生＝正、四、五、六、七、二、八、十、十二月生
申子辰生＝正、二、五、九、十、六、十、三月生
亥卯未生＝正、二、三、四、五、七月生

(단명) 短命

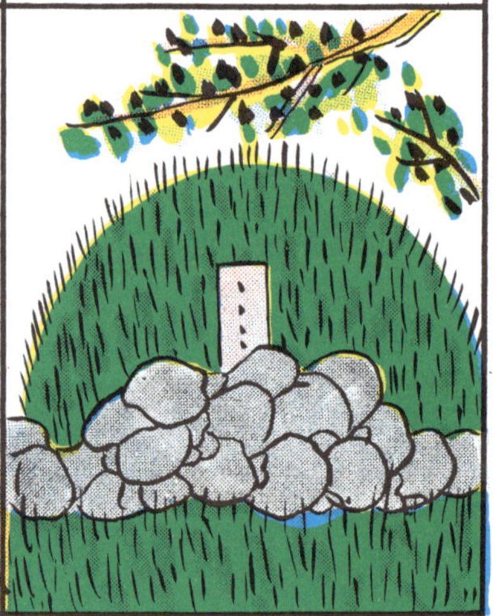

어려서 수명의 액이 있
으니 주의하라
申子辰生ㅡ巳時
寅午戌生ㅡ辰時
巳酉丑生ㅡ寅時
亥卯未生ㅡ未時

(급각) 急脚

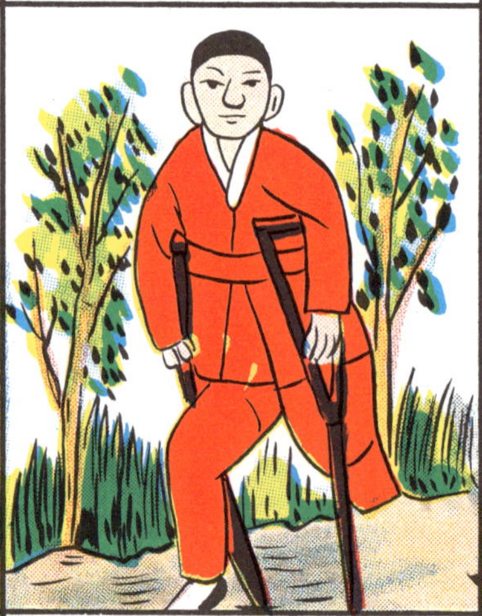

다리를 상하기 쉬우니
주의하라
甲生ㅡ申時 己生ㅡ卯時
乙生ㅡ酉時 庚生ㅡ巳時
丙生ㅡ子時 辛生ㅡ午時
丁生ㅡ亥時 壬生ㅡ丑時
戊生ㅡ寅時 癸生ㅡ未時

(사교) 巳蛟

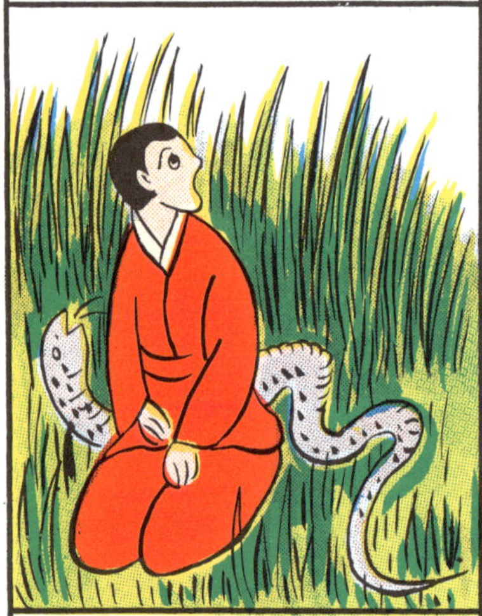

뱀에게 물릴액이 있
으니 주의하라、
子生ㅡ丑時 午生ㅡ未時
丑生ㅡ寅時 未生ㅡ申時
寅生ㅡ卯時 申生ㅡ酉時
卯生ㅡ辰時 酉生ㅡ戌時
辰生ㅡ巳時 戌生ㅡ亥時
巳生ㅡ午時 亥生ㅡ子時

(공뇌) 公雷 | (곡배) 曲背 | (화탕) 火湯

(공뇌) 公雷

雷公(뇌공)은 벼락이니
주의예방하라(生年生月)

子生(正月) 午生(七月)
丑生(十月) 未生(四月)
寅生(七月) 申生(正月)
卯生(四月) 酉生(十月)
辰生(正月) 戌生(七月)
巳生(十月) 亥生(四月)

(곡배) 曲背

혹 곱추될까 두려운
사주(六十甲子五行)

金生　申酉午亥時
木生　寅卯申時
水生　酉戌未申時
火生　寅申巳未時
土生　丑寅巳午時

(화탕) 火湯

(火厄)이 있으니 주의하
라、

子午卯酉生—午時
寅申巳亥生—寅時
辰戌丑未生—未時
巳酉丑生—丙寅日
庚寅日—丁亥時
亥日—戌時

(수침) 水沈 | (항결) 項結 | (목낙) 木落

(수침) 水沈

이 사주를 당한자는
물가를 조심하라、
(月、日、時)

春—寅申
夏—未
秋—酉
冬—丑

(항결) 項結

寅午戌生—庚午時
巳酉丑生—辛酉時
申子辰生—壬子時
亥卯未生—乙卯時

(목낙) 木落

나무위나 언덕에서떨
어질 수이니 주의하라、

正二三月—丑日時
四五六月—辰戌日時
七八九月—寅申日時
十十一十二月—巳亥日時

第九章 壽宮 (수궁)

이 壽宮(수궁)에서는 人間(이간) 個々人(써써인)의 타고난 運命(운명)에 의하여 壽夭長短(수요장단) 및 臨終時(임종시)에 膝下(슬하)子孫宮(자손구)의 多少(과소)를 설명하였다.

◎ 보는법

生年(생년)과 生時(생시)로 보나니 子年巳時生(자년사시생)이면 胞怯(포겁)이요, 午時生(오시생)이면 胎(태)요, 卯年辰時生(묘년진시생)이면 衰鞍(쇠안)이요, 申年巳時生(신년사시생)이면 胞怯(포겁)이되나니 다른 四柱(사주)도 이같이 보나라.

生年 \ 生時	胞怯(포겁)	胎(재)	養天(양천)	生地(생지)	浴年(욕연)	帶月(대월)	冠亡(관망)	旺將(왕장)	衰鞍(쇠안)	病驛(병역)	死六(사육)	葬華(장화)
子年	巳	午	未	申	酉	戌	亥	子	丑	寅	卯	辰
丑年	寅	卯	辰	巳	午	未	申	酉	戌	亥	子	丑
寅年	亥	子	丑	寅	卯	辰	巳	午	未	申	酉	戌
卯年	申	酉	戌	亥	子	丑	寅	卯	辰	巳	午	未
辰年	巳	午	未	申	酉	戌	亥	子	丑	寅	卯	辰
巳年	寅	卯	辰	巳	午	未	申	酉	戌	亥	子	丑
午年	亥	子	丑	寅	卯	辰	巳	午	未	申	酉	戌
未年	申	酉	戌	亥	子	丑	寅	卯	辰	巳	午	未
申年	巳	午	未	申	酉	戌	亥	子	丑	寅	卯	辰
酉年	寅	卯	辰	巳	午	未	申	酉	戌	亥	子	丑
戌年	亥	子	丑	寅	卯	辰	巳	午	未	申	酉	戌
亥年	申	酉	戌	亥	子	丑	寅	卯	辰	巳	午	未

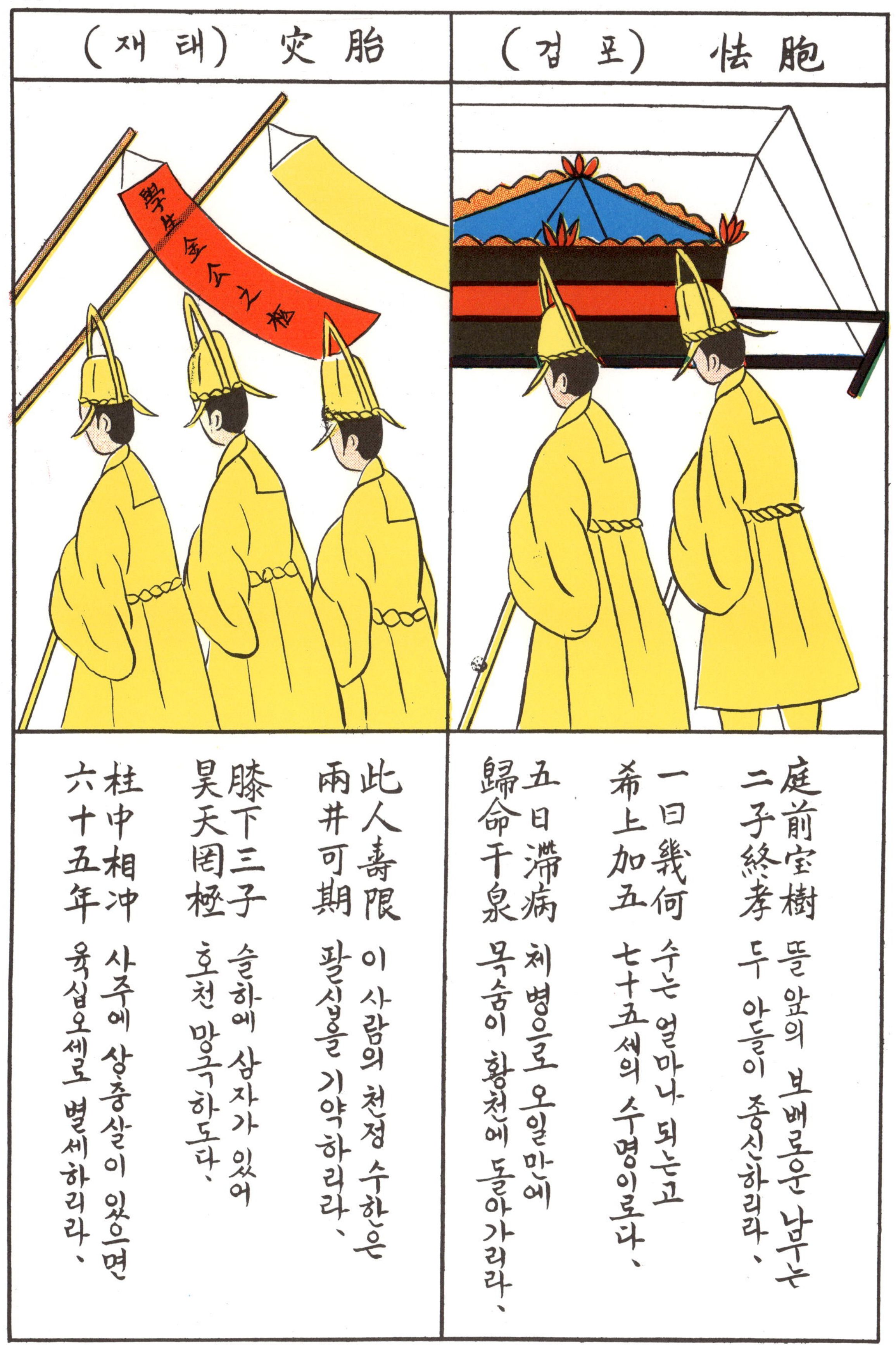

（재태） 災胎	（겁포） 怯胞

庭前宝樹 뜰 앞의 브배로운 낡는
二子終孝 두 아들이 종신하리라、
希上加五 七十五세의 수명이로다、
一日幾何 수는 얼마나 되는고
五日滯病 체병으로 오일만에
歸命干泉 목숨이 황천에 돌아가리라、

此人壽限 이 사람의 천정 수한은
兩井可期 팔십을 기약하리라、
膝下三子 슬하에 삼자가 있어
昊天罔極 호천 망극하도다、
柱中相冲 사주에 상충살이 있으면
六十五年 육십오세로 별세하리라、

(지 생) 地 生	(천 양) 天 養

天　養　（천양）

壽宮日何　수한우 얼마나 되는고
聖壽加五　칠십 팔세를 누리도다、

庭前蘭枝　뜰앞의 난초 가지는
二子終孝　두 아들이 종신하리라、

黃泉歸路　황천 돌아가는 길은
冷痰之症　냉담병인가 하노라、

地　生　（지생）

終孝言之　종신 아들을 말하면
三實吐香　삼자를 두게 되리라、

一日幾何　수한우 얼마인고
七十七年　칠십칠세가 정명이로다、

三日病重　병이 중한지 삼일만에
歸于黃泉　황천에 돌아가리라、

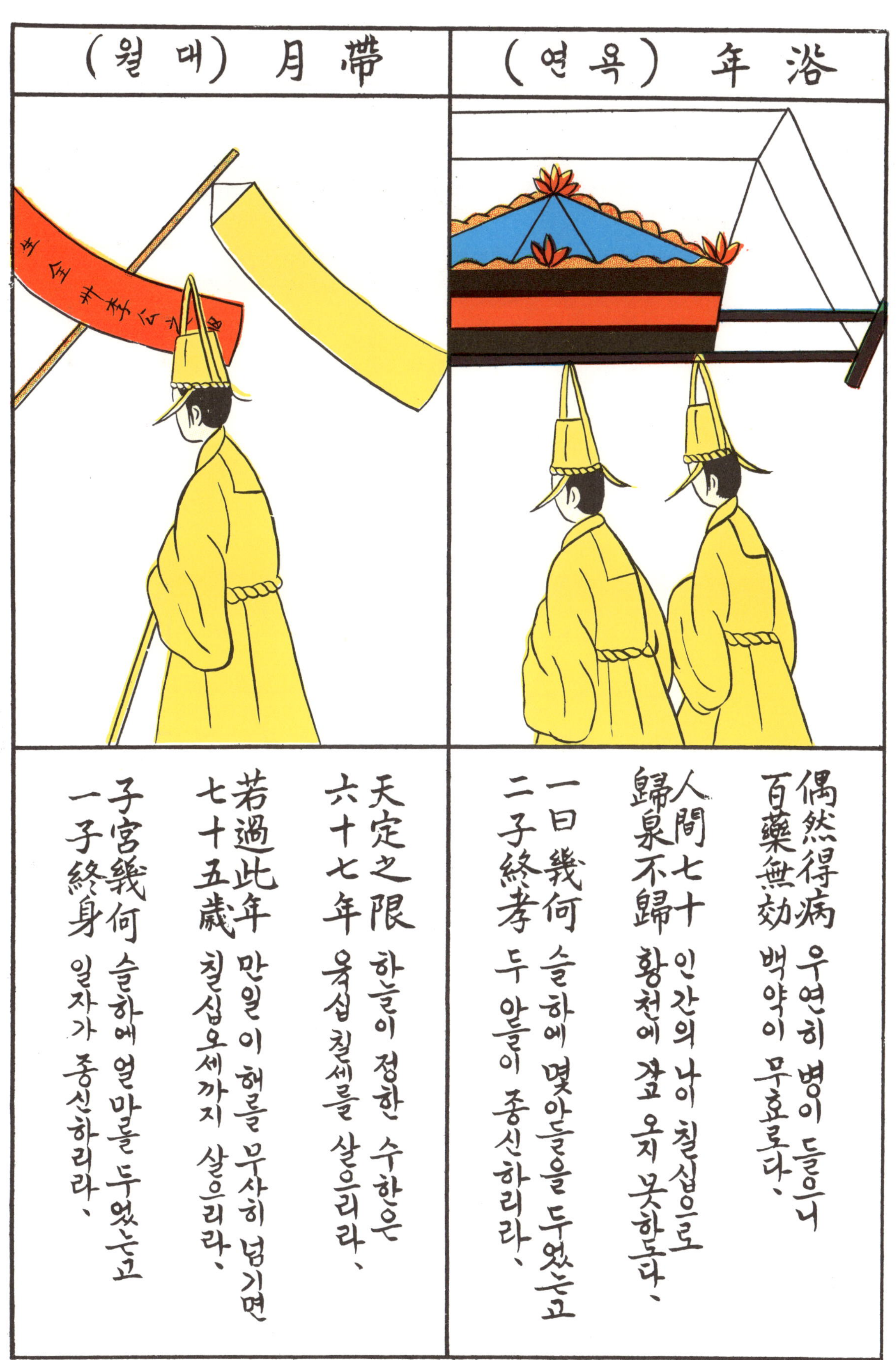

（연욕）年浴

偶然得病　우연히 병이 들으니

百藥無效　백약이 무효로다、

人間七十　인간의 나이 칠십으로

歸泉不歸　황천에 갈 곡 오지 못하도다、

一日幾何　슬하에 몇아들을 두었누고

二子終孝　두 아들이 종신하리라、

（월대）月帶

天定之限　하늘이 정한 수한은

六十七年　육십 칠세를 살으리라、

若過此年　만일 이 해를 무사히 넘기면

七十五歲　칠십오세까지 살으리라、

子宮幾何　슬하에 얼마를 두었누고

一子終身　일자가 종신하리라、

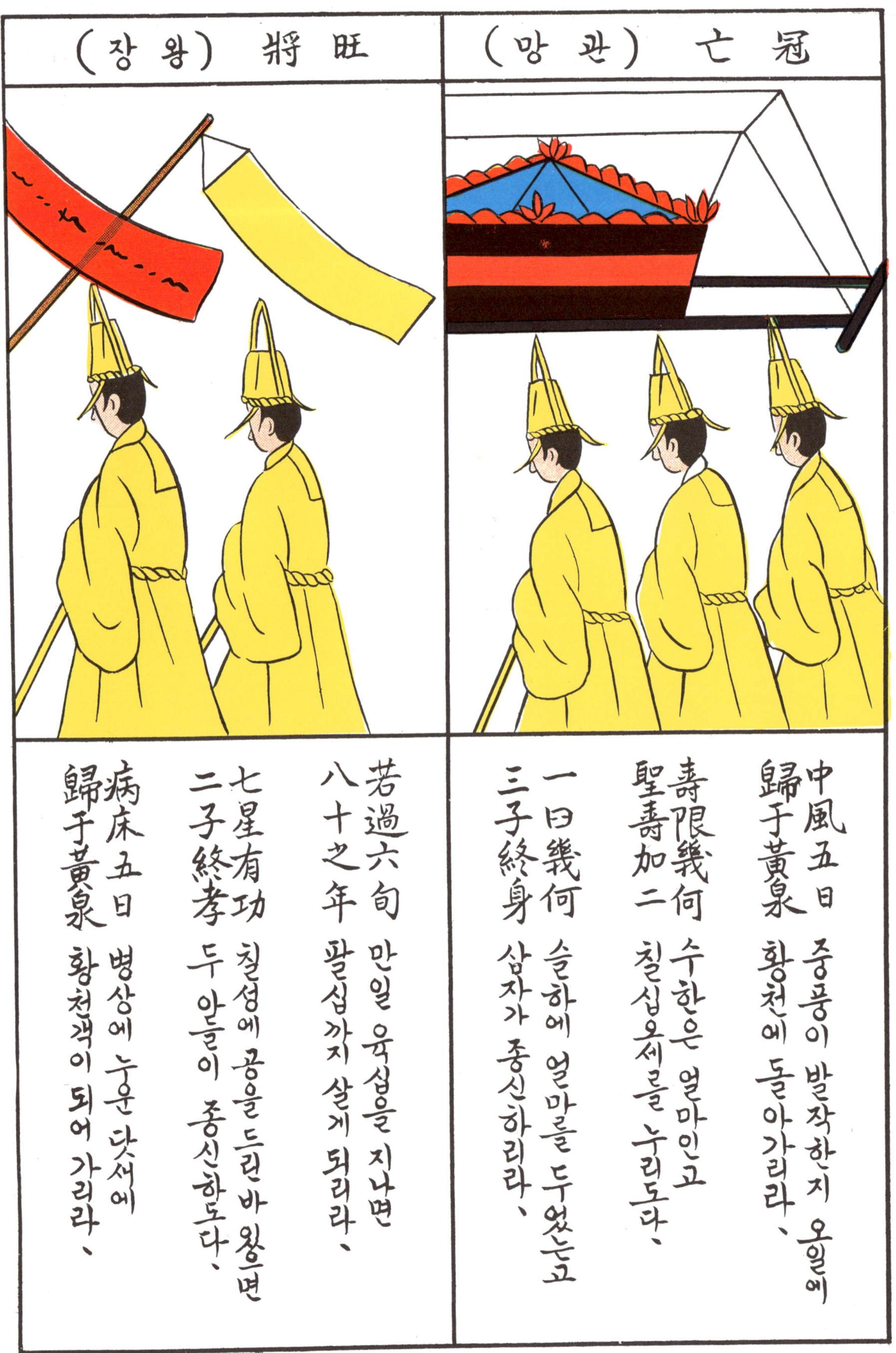
旺將 (장왕)
冠亡 (망관)
中風五日　중풍이 발작한지 오일에
歸于黃泉　황천에 돌아가리라、
壽限幾何　수한은 얼마인고
聖壽加二　칠십오세를 누리도다、
一日幾何　슬하에 얼마를 두었는고
三子終身　삼자가 종신하리라、
若過六旬　만일 육십을 지나면
八十之年　팔십까지 살게 되리라、
七星有功　칠성에 공을 드린바 왕으면
二子終孝　두 아들이 종신하도다、
病床五日　병상에 누운 닷새에
歸于黃泉　황천객이 되어 가리라、

（역병）驛病

（안쇠）鞍衰

七星有功　칠성에 공을 드린 바 왔으면

二子終孝　두 아들이 종신하게 되리라、

聖壽加三　칠십육세가 정명이로다

一日幾何　수한은 얼마나 살고

冷滯之病　냉담의 병으로

三日別世　삼일 만에 별세하리라、

出行歸家　출행 귀가후로

臥席不起　자리에 누워 일어나지 못하다、

享年七五　향년 칠십 오세로

歸于黃泉　황천에 돌아가리라、

子宮之数　자식궁의 수를 말하면

一子終孝　일자 종신하게 되리라、

(육 사) 六死

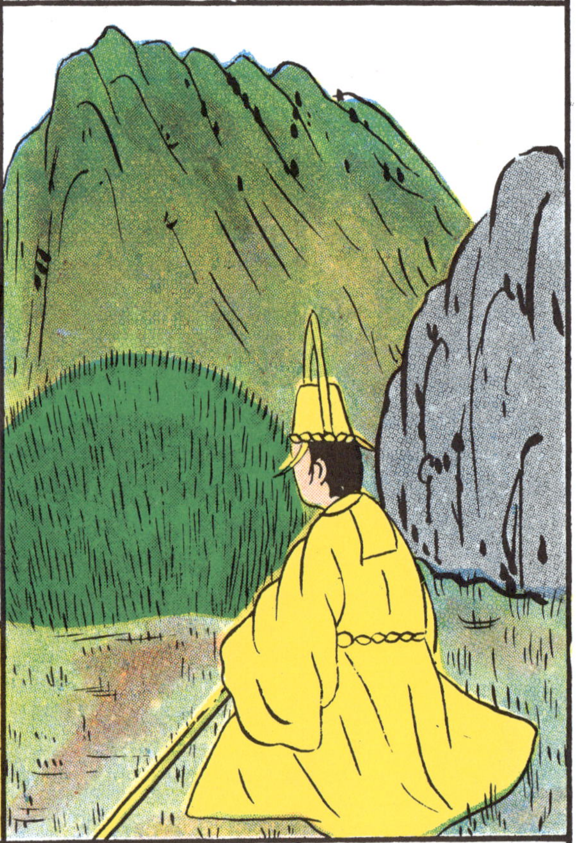

冷痰之症 냉담의 증세로
一月歸泉 한 달 만에 황천에 돌아간다、
致誠山祭 지성으로 산제를 드렸으면
一子之數 일자 종신하리라、
壽宮幾何 수한은 얼마나 되는고
七十六年 칠십육년을 살으리라、

(화 장) 華葬

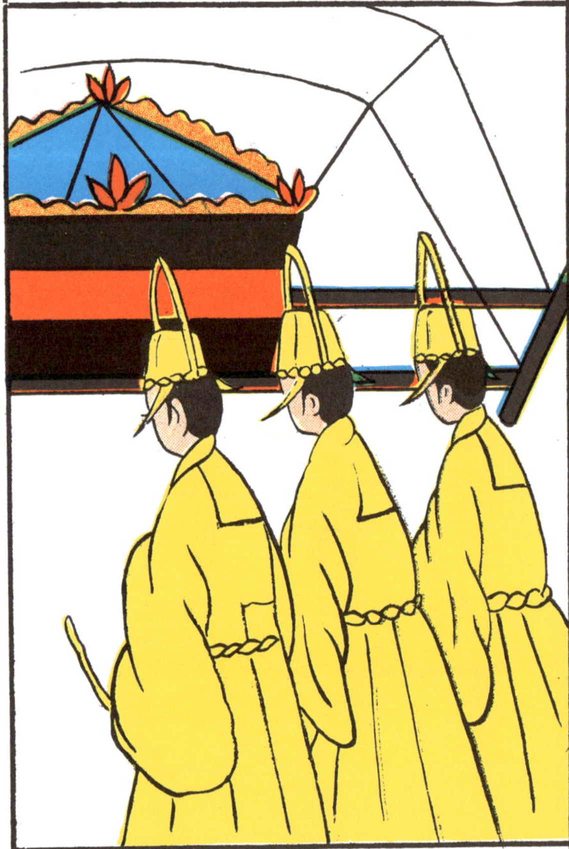

壽宮曰何 수한은 얼마인고
兩井之年 八十을 누리게 되리라、
五子之中 다섯 아들 가운데
三子終孝 삼자가 종신하리라、
七日病床 병상에 누운지 칠일만에
黃泉之客 황천객이 되리라、

第十章 冥府殿 (명부전)

인간은 누구나 한번 낳고 한번 죽는다. 그러나 생시에 얼마나 많은 善(선)을 베풀었으며 또 얼마나 많은 惡(악)을 행하였는고, 각자가 反省(반성)해 볼 필요가 있는 것이다.

이 冥府殿(명부전)은 인간이 죽으면 각々 十大王(십대왕) 앞에 나아가 善惡(선악)의 審判(심판)을 받는다 한다.

그래서 生時(생시)에 積善(적선)한 자는 償(상)을 주고 積惡(적악)한 자는 罰(벌)로 다스린다 하니 어찌 우리 인간 각자가 깨닫지 아니 하리오,

所屬十大王	生年干支
第一殿 泰廣大王 (제일전 진광대왕)	庚午 辛未 壬申 癸酉 甲戌 乙亥
第二殿 初江大王 (제이전 초강대왕)	戊子 己丑 庚寅 辛卯 壬辰 癸巳
第三殿 宋帝大王 (제삼전 송제대왕)	壬午 癸未 甲申 乙酉 丙戌 丁亥
第四殿 五官大王 (제사전 오관대왕)	甲子 乙丑 丙寅 丁卯 戊辰 己巳
第五殿 閻羅大王 (제오전 염라대왕)	丙子 丁丑 戊寅 己卯 庚辰 辛巳
第六殿 變成大王 (제육전 변성대왕)	庚子 辛丑 壬寅 癸卯 甲辰 乙巳
第七殿 泰山大王 (제칠전 태산대왕)	甲午 乙未 丙申 丁酉 戊戌 己亥
第八殿 平等大王 (제팔전 평등대왕)	丙午 丁未 戊申 己酉 庚戌 辛亥
第九殿 都市大王 (제구전 도시대왕)	壬子 癸丑 甲寅 乙卯 丙辰 丁巳
第十殿 轉輪大王 (제십전 전륜대왕)	戊午 己未 庚申 辛酉 壬戌 癸亥

이 大王殿(대왕전)에 가는 자는 生時(생시)에 착한 일에 종사 하고 義(의)로운 일을 많이 行(행) 하였으면 極樂世界(극락세계)로 보내어 榮華(영화)를 누리게 하여 주리라, 不然(불연)하고 酒色放蕩(주색방탕)하여 不孝父母(불효부모)하고 積惡(적악)하였으면 刀山地獄(도산지옥)에 가두리라,

이 대왕앞에 간는 자는 生時(생시)에 夫和婦順(부화부순)하고 朋友有信(붕우유신)하며 死後(사후)에 極樂(극락)으로 보내리라, 不義行事(불의행사)아니 하였으면 死後 아니하고 惡行從事(악행종사)하였으면, 鑊湯地獄(호탕지옥)에 가두어 고생을 당하게 되리라,

이 대왕전에 가는 자는 生時(생시)에 貧民救
濟(빈민구제)를 많이 하고 大王殿(대왕전)
에 誠心(성심)으로 祈禱(기도)하였으면 極
樂(극락)으로 보내거나 人間更生(이간갱생)
시켜 富貴(부귀)를 누리게 하여 주리라,
불여하고 惡德行事(악덕행사)를 즐겨
하였으면 寒氷地獄(한빙지옥)에 가두리라、

이 대왕전에 가는 자는 생시에 義(의)로운
일을 즐겨하여 善行從事(선행종사)하였
으면 極樂(극락)으로 보내어 所願成就(소
원성취)시켜 주리라, 그렇지 아니하고 凶惡
(흉악)한 마음으로 이간에 陰害(음해)를
많이 하였으면 劍樹地獄(검수지옥)에 가두
어 罰(벌)을 주리라、

이 대왕전에 가는 자는 生時(생시)에 他人(타인)을 陰害(음해)하고 酒色(주색)과 賭博(도박)으로 종사하며 積德(적덕)한 일이 없었으면 毒蛇地獄(독사지옥)에 넣어 벌을 주리라、그렇지 아니하고 善行從事(선행종사)하고 人間 救濟(인간구제)하였으면 人道還生(인도환생)시켜 복을 누리게 하리라、

이 대왕전에 가는 자는 남의 재물을 掠奪(약탈)하고 有夫女(유부녀)를 姦淫(간음)하고, 人間 積惡(인간적악)하였으면 拔舌地獄(발설지옥)에 넣어 그 四罰(사벌)을 주히다 스리라、불연하고 正直(정직)한 마음으로 참된 생애를 마쳤으면 그 償(상)으로 所願成就(소원성취)케 하여 주리라、

이 대왕 앞에 가는 자는 生時(생시)에 不孝父母(불효부모)하고 是非訟事(시비송사)로 일삼아 남에게 어울한 일을 많이 하였으면 挫磨地獄(좌마지옥)에 가두어 苦憷(고초)를 받게 하리라, 그렇지 아니하고 父母에 효도하고 善心功德(선심공덕)하였으면 死後(사후)에 그 償(상)을 후하게 받으리라,

이 대왕전에 가는 자는 人間救濟(인간구제)를 많이 하고 大王殿(대왕전)에 溟福을 빌으라, 極樂(극락)으로 들어가서 榮華(영화)를 누리게 되리라, 不然(불연)하고 不義行事(불의행사)를 즐겨하여 積惡(적악)을 하였으면 錐解地獄(추해지옥)에 넣어 무수한 고초를 받게 하리라,

이 대왕전에 가는 자는 生時(생시)에 不義行
動(불의 행동)을 삼가하고 貧民救濟(빈
민구제)한 恩德이 있으면 극락으로 들어가
榮華(영화)를 누리게 되리라、불연하
고 惡毒한 마음으로 人間(인간)에게 뭇
일을 많이 하였으면 鉄床地獄(철상지
옥)의 고초를 받으리라、

이 대왕앞에 가는 자는 생시에 人間(인간)
에게 恩惠(은혜)를 널리 베풀고 대왕전
에 祈禱(기도)하라、인간으로 更生(갱생)
시켜 五福(오복)을 누리게 하리라、그렇지
아니하고 惡行從事(악행종사)하였으면
黑岩地獄(흑암지옥)에 넣어 영원히
헤어나지 못하게 하리라、

附錄

一、男女 宮合法(남녀 궁합법)

○ 六十甲子 並納音(육십갑자 병납음)

甲子 乙丑　海中金(해중금)
丙寅 丁卯　爐中火(노중화)
戊辰 己巳　大林木(대림목)
庚午 辛未　路傍土(노방토)
壬申 癸酉　劒鋒金(검봉금)
甲戌 乙亥　山頭火(산두화)
丙子 丁丑　澗下水(간하수)
戊寅 己卯　城頭土(성두토)
庚辰 辛巳　白鑞金(백랍금)
壬午 癸未　楊柳木(양류목)
甲申 乙酉　泉中水(천중수)
丙戌 丁亥　屋上土(옥상토)
戊子 己丑　霹靂火(벽력화)
庚寅 辛卯　松栢木(송백목)
壬辰 癸巳　長流水(장류수)
甲午 乙未　沙中金(사중금)
丙申 丁酉　山下火(산하화)
戊戌 己亥　平地木(평지목)
庚子 辛丑　壁上土(벽상토)
壬寅 癸卯　金箔金(금박금)
甲辰 乙巳　覆燈火(복등화)
丙午 丁未　天河水(천하수)
戊申 己酉　大驛土(대역토)
庚戌 辛亥　釵釧金(차천금)
壬子 癸丑　桑柘木(상자목)
甲寅 乙卯　大溪水(대계수)
丙辰 丁巳　沙中土(사중토)
戊午 己未　天上火(천상화)
庚申 辛酉　石榴木(석류목)
壬戌 癸亥　大海水(대해수)

○ 宮合相克中 相生之命
　(궁합상극중 상생지명)

沙中金(사중금)과 劒鋒金(검봉금)은 불을
만나야 성취하고.

霹靂火・天上火・山下火(벽력화, 천상화, 산하화)는 물을 얻어야 복록과 영화가 있고

平地 一秀木(평지 일수목)은 금이 없으면 성취하지 못하고.

天河水・大海水(천하수, 대해수)는 흙을 만나면 자연히 형통하고.

路傍土・大驛土・沙中土(노방토, 대역토, 사중토)는 나무가 아니면 평생을 그르치게 되나니라.

(右法은 官星制化之 妙法也니라)

○男女宮合 解說(남녀궁합 해설)

男金女金 = 남녀가 같이 거한즉 불길하니 평생을 무익하게 지내고 우마와 재앙이 많이 없어지고 관재수와 재앙이 많이 생기리라.
龍變化魚 ‥ 용이 고기로 변한 격

男金女木 = 금극목하니 관재와 재난이 있으며 가내가 화목치 못할 것이요 우마와 재산이 사라지고 부부 이별하여 독수공방할 운이로다.
游魚失水 ‥ 고기가 물을 잃은 격

男金女水 = 금생수하니 부부 화목하고 가도가 넉넉하

男金女火 = 화극금이니 백년을 자연히 패할 것이요 이별수가 있고 혹 자손을 두었으나 기르기 어려우리라. 재물이 며 겨울을 지난 초목이니 자손이 만당하여 효도하고 영화가 무궁하리라
駟馬得馱 ‥ 사마가 짐을 얻은 격

男金女土 = 토생금이니 부귀 공명할 격이로다. 부부간에 오래 동거치 못할 것이요 재산이 풍족하지 못하며 자손의 근심이 있으며 재액이 많으리라. 번성하고 노비 전답이 많으며 거룩한 이름을 세상에 떨치니 평생 근심이 없으리라.
瘦馬重馱 ‥ 병든 말의 무거운 짐

男木女金 = 금극목하니 불길하도다. 부부간에 오래 동거치 못할 것이요 재산이 풍족치는 아니하리라.
臥牛負草 ‥ 누운 소가 풀을 진 격

男木女木 = 평생에 길흉이 상반하리라. 부부 화목하나 일생 굶주리는 뭇 생남 생녀할 것이요
仙得土木 ‥ 신선이 토목을 얻은 격

男木女水 = 수생목하니 부부 금슬이 지극하고 자손이 효성하며 친척 화목하고 복록이 가득할 것이요 수명을 누리고 이름도 떨치게 되리라.
主失鷄犬 ‥ 닭과 개를 잃은 격

男木女火 = 목생화하니 자손이 만당하고 복록이 창성할 것이요 평생을 금의 옥식으로 부러울 것이 없으며 복이 오고 재앙은 사라지리라.
鳥變成鷹 ‥ 새가 매로 변하는 격

三夏逢扇 ‥ 여름에 부채를 얻은 격

男木女土＝목극토하니 부부 금슬이 불합할 것이요 친척과 화목치 못하고 자손이 불효하며 패가 망신하기 쉬우리라. 入冬裁衣∷겨울에 옷을 만드는 격

男水女金＝금생수하니 부귀할 격이라 자손이 창성하며 생애가 점점 족해지고 친척이 화목하며 노비 전답이 많으리라. 三客逢弟∷삼객이 동생을 만난 격

男水女木＝수생목하니 재산이 흥왕하며 영화가 무궁하고 공명이 또한 겸비하여 자손이 만당하니 평생에 기쁜일뿐이로다. 鮫變爲龍∷상어가 용이 된 격

男水女水＝수상합하니 부귀할 격이요 부부 금슬이 중하고 일가가 화순하며 전답이 사면에 가득하고 자손이 창성하여 일생 안락하리라. 病馬逢針∷병든 말이 침을 만난 격

男水女火＝수화 상극하니 부부 불순하고 자손이 불효하며 일가 친척이 화목치 못하며 자연히 재액이 이르매 패가하리라. 花落逢暑∷꽃이 떨어지고 여름을 만난 격

男水女土＝수토가 상극하니 금슬이 화목치 못하고 자손이 불효하여 가도가 자연히 패하고 재물이 없고 상부(喪夫)할 격이로다. 萬物逢霜∷만물이 서리를 만난 격

男火女金＝화극금하니 불 가운데 눈같이 사라지고 믿을 것이 없도다. 자손이 극귀하고 일륜이 어지려워 재앙이 많고 재물이 사라지리라. 龍失明珠∷용이 여의주를 잃은 격

男火女木＝목생화하니 만사 대길하고 부부 화합하여 자손이 효행하고, 사방에 이름을 떨치어 석승같은 부자에 고관의 벼슬을 얻으리라. 鳥變成鶴∷새가 변하여 학이 되는 격

男火女水＝수극화하니 만사 대흉하여 상처할 격이요, 일가 친척이 불화하고 재물이 없으리라. 老脚渡橋∷늙은이가 다리를 건너는 격

男火女火＝양화가 서로 만나니 길한 것이 적고 흉액이 많도다. 재물이 흩어지고 부부 불화하고 자손이 없으며 화재로 패를 보리라. 龍變爲魚∷용이 변하여 고기가 된 격

男火女土＝화생토하니 재물이 풍족하고 자손이 창성하며 일생 근심이 없고 부귀 복록이 자연히 이르며 도처에 이름을 떨치리라. 人變成仙∷사람이 신선으로 변하는 격

男土女木＝목극토하니 부부가 서로 불화하고 관재구설이 빈빈하게 이르며 겉은 비록 부유하나 안으로 가난할 것이요, 백년을 근심하리라. 枯木逢秋∷마른 나무가 가을을 만난 격

男土女金＝토생금하니 부부 해로하여 자손이 창성하고 부귀 공영이 겸전하여 재물이 산과 같고 노비가 집안에 가득하니 태평하리라.

鳥變成鷹‥새가 변하여 매가 된 격

男土女水＝토극수하니 자손이 비록 있어도 동서로 흩어질 것이요, 부부지간에 생이별하고 가산도 탕진하리라.

飲酒悲歌‥술마시며 슬픈 노래를 부르는 격

男土女火＝화생토하니 부부간의 금슬이 중하고 자연히 부귀할 것이요, 효자 효부를 두어 즐거움을 누리고 노비 전답이 즐비하리라.

魚變成龍‥고기가 용이 된 격

男土女土＝양토가 상합하니 자손이 창성할 격이요, 부귀할지로다. 금의 옥식에 풍류객이 되어 고루 거각에 앉아 영화를 누리리라.

開花滿枝‥가지마다 꽃이 핀 격

〇 相生(상생)

金生水＝금은 물을 생하고,
水生木＝물은 나무를 생하고,
木生火＝나무는 불을 생하고,
火生土＝불은 흙을 생하고,
土生金＝흙은 금을 생한다.

〇 相 克(상 극)

金克木＝금은 나무를 극하고,
木克土＝나무는 흙을 극하고,
土克水＝흙은 물을 극하고,
水克火＝물은 불을 극하고,
火克金＝불은 금을 극한다.

〇 嫁娶滅門法(가취멸문법)

(오행과 궁합이 상생이 될지라도 이 가취멸문법에 해당되면 불길하니라。)

九月生男─正月生女,
八 〃 男─二 〃 女,
五 〃 男─三 〃 女,
六 〃 男─四 〃 女,
正 〃 男─五 〃 女,
十二〃 男─六 〃 女,

三月生男─七月生女,
十 〃 男─八 〃 女,
五 〃 男─九 〃 女,
十一〃 男─十 〃 女,
二 〃 男─十一〃 女,
七 〃 男─十二〃 女,

〇 怨嗔法(원진법)

(오행이 상생하고 가취멸문법에 해당이 안될지라도 원진살이 되면 혼인에 불길하니라。)

鼠忌羊頭角‥쥐는 양의 뿔을 싫어하고(子未)。

牛憎馬不耕‥소는 말이 밭갈지 않음을 미워한다(丑午)。

虎憎鷄嘴短‥호랑이는 닭의 부리 짧음을 미워하고(寅酉)。

兎怨猴不平‥토끼는 잔나비의 불평을 원망한다(卯申)。

龍嫌猪面黑‥용은 돼지의 낯이 검음을 혐오하고(辰亥)。

蛇驚犬吠聲‥뱀은 개짖는 소리에 놀란다(巳戌)。

二、擇 日 法(택 일 법)

무릇 어떠한 부문을 막론하고 택일에 앞서 生氣福德(생기복덕)을 맞추어 길한 日辰(일진)을 가린뒤에 다음에 列記(열기)한 각 吉日(길일)과 凶日(흉일)을 택일하고자하는 部門(부문)에 대조하여 가리는 것이다.

○ **男女 生氣福德 吉凶圖(남녀 생기복덕 길흉도)**

男子(남자)		
二	十	十八
三	十一	十九
四	十二	二十
五	十三	二十一
六	十四	二十二
七	十五	二十三
八	十六	二十四
九	十七	二十五

男子(남자·자子)								生氣(생기) 吉	天宜(천의) 吉	絕體(절체) 平	游魂(유혼) 平	禍害(화해) 凶	福德(복덕) 吉	絕命(절명) 凶
二十六	三十四	四十二	五十	五十八	六十六	七十四	八十二	戌亥	午	丑寅	辰巳	子	未申	卯
二十七	三十五	四十三	五十一	五十九	六十七	七十五	八十三	酉	卯	未申	子	辰巳	丑寅	午
二十八	三十六	四十四	五十二	六十	六十八	七十六	八十四	辰巳	丑寅	午	戌亥	酉	卯	未申
二十九	三十七	四十五	五十三	六十一	六十九	七十七	八十五	未申	子	酉	卯	午	戌亥	辰巳
三十	三十八	四十六	五十四	六十二	七十	七十八	八十六	午	戌亥	辰巳	丑寅	未申	子	酉
三十一	三十九	四十七	五十五	六十三	七十一	七十九	八十七	子	未申	卯	酉	戌亥	午	丑寅
三十二	四十	四十八	五十六	六十四	七十二	八十	八十八	卯	酉	子	未申	丑寅	辰巳	戌亥
三十三	四十一	四十九	五十七	六十五	七十三	八十一	八十九	丑寅	辰巳	戌亥	午	卯	酉	子

歸魂(귀혼) 平(평)

女(여)子(자)

支											
酉	三	十	十八	二十六	三十四	四十二	五十	五十八	六十六	七十四	八十二
戌亥	二	九	十七	二十五	三十三	四十一	四十九	五十七	六十五	七十三	八十一
子	一	八	十六	二十四	三十二	四十	四十八	五十六	六十四	七十二	八十
丑寅		十五	二十三	三十一	三十九	四十七	五十五	六十三	七十一	七十九	八十七
卯	七	十四	二十二	三十	三十八	四十六	五十四	六十二	七十	七十八	八十六
辰巳	六	十三	二十一	二十九	三十七	四十五	五十三	六十一	六十九	七十七	八十五
午	五	十二	二十	二十八	三十六	四十四	五十二	六十	六十八	七十六	八十四
未申	四	十一	十九	二十七	三十五	四十三	五十一	五十九	六十七	七十五	八十三

○ 百忌日(백기일)

甲不開倉＝甲日에 창고를 열지 못하며

乙不栽植＝乙日에 나무를 재배하거나 심지 못하며

丙不修竈＝丙日에 조왕을 고치지 못하며

丁不剃頭 = 丁日에 머리를 빗지 못하며

戊不受田 = 戊日에 수전을 못하며

己不破券 = 己日에 문서를 파하지 못하며

庚不經略 = 庚日에 일을 침을맞지 못하며

辛不合醬 = 辛日에 장을 담그지 못하며

壬不決水 = 壬日에 물을 가두지 못하며

癸不詞訟 = 癸日에 송사하지 못하니라.

子不問卜 = 子日에 점치지 못하며

丑不冠帶 = 丑日에 관대를 매지 못하며

寅不祭祀 = 寅日에 제사지내지 못하며

卯不穿井 = 卯日에 우물을 파지 못하며

辰不哭泣 = 辰日에 곡하지 못하며

巳不遠行 = 巳日에 먼 출행을 못하며

午不苫盖 = 午日에 지붕을 덮지 못하며

未不服藥 = 未日에 약을 먹지 못하며

申不安牀 = 申日에 평상을 만들지 못하며

酉不會客 = 酉日에 빈객을 모으지 못하며

戌不乞狗 = 戌日에 개를 들이지 못하며

亥不嫁娶 = 亥日에 혼인을 못하나니라.

○ 月家吉神 (월가길신)

이 월가길신은 月別(월별)로 日辰(일진)의 吉凶(길흉)을 찾기 쉽도록 되어 있으니 택일의 조목대로 사용하나니라. 例 : 正月 丙日이면 月德(월덕) 二月 亥日이면 生氣(생기)가 된다.

月家吉神												
天德 (천덕) 造葬上官百事皆亨 (조장 및 상관 백사 형통)	月別 日辰											
	正月	二月	三月	四月	五月	六月	七月	八月	九月	十月	十一月	十二月
日辰	丁	申	壬	辛	亥	甲	癸	寅	丙	乙	巳	庚

月德 (월덕)	天德合 (천덕합)	月德合 (월덕합)	月空 (월공)	月恩 (월은)	月財 (월재)	生氣 (생기)	天醫 (천의)	旺日 (왕일)	相日 (상일)	解神 (해신)	五富 (오부)	玉帝赦日 (옥제사일)
修作 萬福咸至 (수작 만복이 모두 이름)	天德 同用 (천덕과 같이 쓰임)	月德 同用 (월덕과 한가지로 쓰임)	上章修造取土俱吉 (상장 취토 수조 모두 길)	與天恩同 (천은과 같음)	移居造葬橫財大吉 (이사 장사 횡재에 대길)	一名天喜 (일명천희)	求醫治病針藥皆驗 (구의 치병 침약 모두 효험)	宜上樑下棺、忌動土 (상량하관 길 동토는 흉)	上同 (상동)	能解諸殺百事大吉 (능히 모든 살을 풀고 백사 길함)	宜造葬 作倉庫 (조장에나 창고에 길함)	任意作事吉 (임의 작사에 길)
日辰	日辰	日辰	日辰	日辰	日辰	日辰	日辰	日辰	日辰	日辰	日辰	日辰
丙	壬	辛	壬	丙	九	戌	丑	寅	巳	申	亥	丁巳
甲	巳	己	庚	丁	三	亥	寅	寅	巳	申	寅	甲子
壬	丁	丁	丙	庚	四	子	卯	寅	巳	戌	巳	乙丑
庚	丙	乙	甲	己	二	丑	辰	巳	申	戌	申	丙寅
丙	寅	辛	壬	戊	七	寅	巳	巳	申	子	亥	辛卯
申	己	己	庚	辛	六	卯	午	巳	申	子	寅	壬辰
壬	戊	丁	丙	壬	九	辰	未	申	亥	寅	巳	丁亥
庚	亥	乙	甲	癸	三	巳	申	申	亥	寅	申	甲午
丙	辛	辛	壬	庚	四	午	酉	申	亥	辰	亥	乙未
甲	庚	己	庚	乙	二	未	戌	亥	寅	辰	寅	丙申
壬	申	丁	丙	甲	七	申	亥	亥	寅	午	巳	辛酉
庚	乙	乙	甲	辛	六	酉	子	亥	寅	午	申	壬戌

다음은 각 길신(吉神)의 설명이다(오른쪽에서 왼쪽으로):

- **天赦神(천사신)**: 天赦神來身罪宥赦 (천사신이 오면 죄를 사함)
- **皇恩大赦(황은대사)**: 皇恩來赦消災弭患 (재앙이 사라지고 이환이 나음)
- **要安日(요안일)**: 獲福受生盆後續世 (회복수생익후속세)
- **萬通四吉(만통사길)**: 轉禍爲福居安同榮 (전화위복거안동영)
- **天貴(천귀)**: 宜祭祀上官入學 (제사 벼슬 입학에 길)
- **四相(사상)**: 嫁娶百事大吉 (혼인과 백사에 길)
- **三合(삼합)**
- **六合(육합)**
- **時德(시덕)**: 結婚會友 (결혼과 친우모임에 길)
- **青龍(청룡)**: 出行行船 (출행과 배떠나는데 길)

日辰	天赦神	皇恩大赦	要安日	萬通四吉	天貴	四相	三合	六合	時德	青龍
	戌	戌	寅	寅	午	春	戌午	亥	春	子壬
	丑	丑	申	申	亥	甲丙	亥未	戌	在	丑癸
	辰	寅	卯	卯	申	乙丁	子申	酉	午	寅艮
	未	巳	酉	酉	丑	夏	丑酉	申	夏	卯甲
	戌	酉	辰	辰	戌	丙戊	寅戌	未	在	辰乙
	丑	卯	戌	戌	卯	丁己	卯亥	午	辰	巳巽
	辰	子	巳	巳	子	秋	辰子	巳	秋	午丙
	未	午	亥	亥	巳	庚壬	巳丑	辰	在	未丁
	戌	亥	午	午	寅	辛癸	午寅	卯	子	申坤
	丑	辰	子	子	未	冬	未卯	寅	冬	酉庚
	辰	申	未	未	辰	壬甲	申辰	丑	在	戌辛
	未	未	丑	丑	酉	癸乙	酉巳	子	寅	亥乾

○ 四吉日(사길일)

(혼인과 百事吉(백사길))

春(봄)―戊寅日　　夏(여름)―甲午日

秋(가을)―戊申日　　冬(겨울)―甲子日

○ 天恩上吉日(천은상길일)

(수작 벼슬 혼인 및 백사대길)

甲子日 乙丑日 丙寅日 丁卯日 戊辰日 己卯日 庚辰日 辛巳日 壬午日 癸未日 己酉日

庚戌日　辛亥日　壬子日　癸丑日

○ 大明上吉日（대명상길일）

（안장、집수리、만사대길）

辛未日　癸酉日　己卯日　甲申日　壬辰日　壬
日　乙巳日　己酉日　辛亥日　壬申日　丁丑日　壬寅
午日　丁亥日　乙未日　甲辰日　丙午日　庚戌日

○ 母倉上吉日（모창상길일）

（가옥 및 창고건축 백사대길）

春（봄）—亥子日　　夏（여름）—寅卯日
秋（가을）—辰戌丑未日　冬（겨울）—申酉日
土王（토왕）—후첫 巳午日

○ 月家凶神（월가흉신）

이 월가 흉신은 모두 흉일이니 각 택일의 부문에 의하여 보나니라.

月家凶神

月別 ＼ 日辰	天罡(천강) 忌百事黃道可用 (기백사황도가용)	河魁(하괴) 忌百事黃道可用 (기백사황도가용)	地破(지파) 忌動土金井 (기동토금정)	羅網(나망) 忌婚姻出行訴訟 (기혼인출행소송)	滅沒(멸몰) 忌婚姻出行 (기혼인출행)	重喪(중상) 忌安葬成服制服 (기안장성복제복)
正月	巳	亥	亥	子	丑	甲
二月	子	午	子	申	子	乙
三月	未	丑	丑	巳	亥	己
四月	寅	申	寅	辰	戌	丙
五月	酉	卯	卯	戌	酉	丁
六月	辰	戌	辰	亥	申	己
七月	亥	巳	巳	丑	未	庚
八月	午	子	午	申	午	辛
九月	丑	未	未	未	巳	己
十月	申	寅	申	子	辰	壬
十一月	卯	酉	酉	巳	卯	癸
十二月	戌	辰	戌	申	寅	己

天狗 (천구) 開日同 忌祭祀 (개일동 기제사)	往亡 (왕망) 忌出行 移居 (기출행 이사)	天賊 (천적) 忌開倉出行百事凶 (기개창출행백사흉)	披蔴殺 (피마살) 忌嫁娶 入宅 (기가취 입택)	紅紗殺 (홍사살) 忌嫁娶 (기가취)	瘟瘟殺 (온황살) 忌療病修造移徙 (기치료수조이사)	土瘟 (토온) 忌動土 (기동토)	天隔 (천격) 忌出行求官 (기출행구관)	地隔 (지격) 忌栽植安葬 (기재식안장)	山隔 (산격) 忌入山敗獵伐木 (기입산수렵벌목)	水隔 (수격) 忌入水漁獵行船 (기입수어렵행선)	陰錯 (음착) 忌嫁娶 造葬 (기가취 조장)	陽錯 (양착) 右同 (우동)
日辰	日辰	日辰	日辰	日辰	日辰	日辰	日辰	日辰	日辰	日辰	日辰	日辰
子	寅	辰	子	酉	未	辰	寅	辰	未	戌	庚戌	甲寅
丑	巳	酉	酉	巳	戌	巳	子	寅	巳	申	辛酉	乙卯
寅	申	寅	午	丑	辰	午	戌	子	卯	午	庚申	甲辰
卯	亥	未	卯	酉	寅	未	申	戌	丑	辰	丁未	丁巳
辰	卯	子	子	巳	午	申	午	申	亥	寅	丙午	丙午
巳	午	巳	酉	丑	子	酉	辰	午	酉	子	丁巳	丁未
午	酉	戌	午	酉	酉	戌	寅	辰	未	戌	甲辰	庚申
未	子	卯	卯	巳	申	亥	子	寅	巳	申	乙卯	辛酉
申	辰	申	子	丑	巳	子	戌	子	卯	午	甲寅	庚戌
酉	未	丑	酉	酉	亥	丑	申	戌	丑	辰	癸丑	癸亥
戌	戌	午	午	巳	丑	寅	午	申	亥	寅	壬子	壬子
亥	丑	亥	卯	丑	卯	卯	辰	午	酉	子	癸亥	癸丑

아래 각 흉신(凶神)의 의미:

- 月厭(월염): 忌嫁娶出行 (기가취 출행)
- 月殺(월살): 忌福神立柱上樑 (기복신입주상량)
- 長星(장성): 百事凶但宜上壽 (백사흉단의상수)
- 短星(단성): 忌嫁娶赴任求謀 (기가취부임구모)
- 地囊日(지랑일): 忌動土穿井開池 (기동토우물연못)
- 獨火(독화): 忌起造盖屋作竈 (기조개옥작조)
- 血忌(혈기): 忌針灸刺血 (기침구자혈)
- 飛廉殺(비염살): 六畜血財專損 (육축혈재전손)
- 血支(혈지): 忌針灸刺血 (기침구자혈)
- 歸忌(귀기): 忌移徙入宅婚姻遠回 (기이사입택혼인원회)
- 受死(수사): 忌嫁娶移徙上官宜漁獵 (기가취이사상관의어랍)
- 氷消瓦解(빙소와해): 忌入宅起造 (기입택기조)
- 天火(천화): 天獄同忌修造盖屋 (천옥동기수조개옥)

月厭	月殺	長星	短星	地囊日	獨火	血忌	飛廉殺	血支	歸忌	受死	氷消瓦解	天火
日辰	日辰		日辰	日辰	日辰	日辰	日辰	日辰	日辰	日辰	日辰	日辰
戌	丑	七日	廿一	庚子庚午	巳	丑	戌	丑	丑	戌	巳	子
酉	戌	四日	十九	癸丑癸未	辰	未	巳	寅	寅	辰	子	卯
申	未	六日	十六	甲子甲寅	卯	寅	午	卯	子	亥	丑	午
未	辰	九日	廿五	己卯己丑	寅	申	未	辰	丑	巳	申	酉
午	丑	十五日	廿六	戊辰戊午	丑	卯	寅	巳	寅	子	卯	子
巳	戌	十日	廿一	癸未癸巳	子	酉	卯	午	子	午	戌	卯
辰	未	八日	廿二	丙寅丙申	亥	辰	辰	未	丑	丑	亥	午
卯	辰	二日	十九 十八	丁卯丁巳	戌	戌	亥	申	寅	未	午	酉
寅	丑	四日	十七 十六	戊辰戊子	酉	巳	子	酉	子	寅	未	子
丑	戌	三日	十四	庚子庚戌	申	亥	丑	戌	丑	申	寅	卯
子	未	廿七日	廿三	辛酉辛未	未	午	申	亥	寅	卯	酉	午
亥	辰	九日	廿五	乙酉乙未	午	子	酉	子	子	酉	辰	酉

四廢 (사폐)	四離 (사리)	四絶 (사절)	月破 (월파)
(百事凶) (백사흉)	(忌婚姻百事凶) (기혼인백사흉)	(百事凶) (백사흉)	(忌月忌時德) (기월기시덕)
春＝辛庚酉申 夏＝壬癸亥未 秋＝甲寅乙卯 冬＝酉巳子午	春分・夏至・秋分・冬至・俱前一日	立春・立夏・立秋・立冬・俱前一日	日辰 申 酉 戌 亥 子 丑 寅 卯 辰 巳 午 未

○ 十惡大敗日 (십악대패일)

(百事凶)

甲己年＝三月 戊戌日、七月 癸亥日、十月 丙申日、十一月 亥日

乙庚年＝四月 壬申日、九月 乙巳日

丙辛年＝三月 辛巳日、九月 庚辰日

丁壬年＝無忌 (무기)

戊癸年＝六月 丑日

○ 伏斷日 (복단일)

(忌 혼인 이사 출행 諸事不吉)

子日＝虛宿(허숙)　丑日＝斗宿(두숙)

寅日＝室宿(실숙)　卯日＝女宿(여숙)

辰日＝箕宿(기숙)　巳日＝房宿(방숙)

午日＝角宿(각숙)　未日＝張宿(장숙)

申日＝鬼宿(귀숙)　酉日＝觜宿(자숙)

戌日＝胃宿(위숙)　亥日＝壁宿(벽숙)

○ 往亡日 (왕망일)

(百事凶)

立春(입춘)뒤 七日　　驚蟄(경칩)뒤 十四日

清明(청명)뒤 廿一日　立夏(입하)뒤 八日

芒種(망종)뒤 十六日　小暑(소서)뒤 廿四日

立秋(입추)뒤 九日　　白露(백로)뒤 十八日

寒露(한로)뒤廿七日　立冬(입동)뒤 十日
大雪(대설)뒤二十日　小寒(소한)뒤 三十日

○五空日(오공일)

(百事大通)

戊戌日午時=諸神上天(제신상천)　己亥庚子
辛丑日=太歲及諸神上天(태세 및 제신상천)

○天上天下大空亡日(천상천하대공망일)

甲戌 甲申 甲午 乙丑 乙亥 乙酉

○天聾地啞日(천농지아일)

壬辰 壬寅 壬子 癸未 癸巳 癸卯

(百事宜 造作修廁)

乙丑 乙未 丙寅 丙子 丙申 丙辰
丁卯 戊辰 己卯 己亥 庚子 辛巳
辛丑 辛亥 辛酉 壬子 癸丑

○天地皆空日(천지개공일)

戊戌 己亥 庚子 庚申

三、婚姻 門(혼인문)

혼인 택일에 앞서 前記한 생기복덕 및 월가길신 월가흉신 기타 길일을 택하고 흉일을 피하여 아래와 같이 吉凶日(길흉일)을 가리어 택일 하나니라.

○合婚開閉法(합혼개폐법) ― 女子에 한함

(혼인의 운을 본다.)

女子의 나이로 보나니 大開(대개)는 부부 화목하고 半開(반개)는 부부 불화하고 閉開(폐개)는 부부 이별이니라.

子午卯酉生女(자오묘유생녀)

	日
大開(대개)	十四、十七、二十、二十三、二十六、二十九
半開(반개)	十五、十八、二十一、二十四、二十七、三十
閉開(폐개)	十六、十九、二十二、二十五、二十八、三十一

寅申巳亥生女(인신사해생녀)

	日
大開(대개)	十三、十六、十九、二十二、二十五、二十八
半開(반개)	十四、十七、二十、二十三、二十六、二十九
閉開(폐개)	十五、十八、二十一、二十四、二十七、三十

辰戌丑未生女(진술축미생녀)

	日
大開(대개)	十二、十五、十八、二十一、二十四、二十七
半開(반개)	十三、十六、十九、二十二、二十五、二十八
閉開(폐개)	十四、十七、二十、二十三、二十六、二十九

○ 嫁娶月(가 취 월)

(女子의 生年으로 달을 가린다。)

大利月(대이월) 吉

혼인에 대길한 달이니 이달을 가린다。

生年	달
(子午生)	六月、十二月
(丑未生)	五月、十一月
(寅申生)	二月、八月
(卯酉生)	正月、七月
(辰戌生)	四月、十月
(巳亥生)	三月、九月

구분	길흉	해당 월
妨媒氏 (방모씨)	平	正月 七月　四月 十月　三月 九月　六月 十二月　五月 十一月　二月 八月
妨翁姑 (방옹고)	平	二月 八月　三月 九月　四月 十月　五月 十一月　六月 十二月　正月 七月
妨女父母 (방여부모)	平	三月 九月　二月 八月　五月 十一月　四月 十月　正月 七月　六月 十二月
妨夫主 (방부주)	凶	四月 十月　正月 七月　六月 十二月　三月 九月　二月 八月　五月 十一月
妨女身 (방여신)	凶	五月 十一月　六月 十二月　正月 七月　二月 八月　三月 九月　四月 十月

妨媒氏 ── 大利月이 맞지 않으면 이 달도 무관하다.

妨翁姑 ── 시부모에게 불리한 달이나 부득이 하면 무관하다.

妨女父母 ── 여부모에게 불리한 달이나 역시 사용할 수 있다.

妨夫主 ── 신랑에 흉하니 혼인을 못한다.

妨女身 ── 신부에 흉하니 혼인을 못한다.

○殺夫大忌月 (살부대기월)

(가취월의 좋은 달을 가린후 살부 대기월을 피함이 가하다. 단 여자의 생년으로 보나니라.)

子生＝正、二月
丑生＝四月
寅生＝七月
卯生＝十二月
辰生＝四月
巳生＝五月
午生＝八、十二月
未生＝六、七月
申生＝六、七月
酉生＝八月
戌生＝十二月
亥生＝七、八月

○男婚凶年 (남혼흉년)

(혼인하면 男子에게 凶한 해)

子生(男)—未年、丑生(男)—申年、寅生(男)—
酉年、卯生(男)—戌年、辰生(男)—亥年、巳生
(男)—子年、午生(男)—丑年、未生(男)—寅年
申生(男)—卯年、酉生(男)—辰年、戌生(男)—
巳年、亥生(男)—午年

○女婚凶年 (녀혼흉년)

(女子가 혼인하면 흉한 해)

子生(女)—卯年、丑生(女)—寅年、寅生(女)—
丑年、卯生(女)—子年、辰生(女)—亥年、巳生
(女)—戌年、午生(女)—酉年、未生(女)—申年
申生(女)—未年、酉生(女)—午年、戌生(女)—
巳年、亥生(女)—辰年

○喪夫喪妻殺 (상부상처살)

(이날에 혼인하면 不吉하다。)

春(봄)三月=丙午、丁未日(상처)
冬(겨울)三月=壬子、癸亥日(상부)

○孤寡殺 (고과살)

(이날은 역시 고신 과숙이 되는 살이 있다。)

亥子丑生(女)—寅戌日、寅卯辰生(女)—巳
日、巳午未生(女)—申辰日、申酉戌生(女)—
亥未日

○嫁娶大凶日 (가취대흉일)

春=甲子、乙丑日　　夏=丙子、丁丑日
秋=庚子、辛丑日　　冬=壬子、癸丑日
正、五、九月=庚日　　二、六、十月=乙日
三、七、十一月=丙日　四、八、十二月=癸日

○陰陽不將吉日 (음양부장길일)

陰陽不將吉日(음양부장길일)은　天賊(천적)
受死(수사)　紅紗(홍사)　披痲(피마)　月厭(월
염)　月對(월대)의 모든 凶日(흉일)을 뺀 길

일이니 禍害(화해) 絶命(절명) 伏斷(복단ー) (이날에 五合日이면 무방) 月破(월파) 月殺(월살)을 피하여 택일하면 혼인에 가장 길한 날이다. 만일 이날이 마땅치 않으면 다음의 각 吉日(길일)을 가리라.

月別＼吉日												
正月	丁卯	辛卯	丙寅	庚寅	戊寅	己卯	丁丑	己丑	辛丑			
二月	丙子	戊子	庚子	乙丑	丁丑	己丑	丙寅	戊寅	庚寅	丙戌	戊戌	庚戌
三月	甲子	丙子	戊子	乙酉	丁酉	己酉	甲戌	丙戌	戊戌			
四月	甲子	丙子	戊子	甲申	丙申	戊申	甲戌	丙戌	戊戌	(河魁申)		
五月	甲申	丙申	戊申	乙未	癸未	乙酉	癸酉	甲戌	丙戌	戊戌		
六月	乙未	癸未	甲申	丙申	甲戌	丙戌	壬戌	壬申				
七月	己巳	癸巳	乙未	癸未	甲申	壬申						
八月	甲辰	壬辰	壬午	甲午	癸未	辛未	甲申	壬申				
九月	辛卯	癸卯	庚辰	壬辰	辛巳	癸巳	辛未	癸未	庚午	壬午		
十月	庚寅	壬寅	癸卯	辛卯	壬辰	庚辰	辛巳	癸巳	壬午	庚午	(河魁寅)	

十一月	十二月
丁丑	丙子
己丑	戊子
辛丑	庚子
庚寅	丙寅
壬寅	戊寅
庚辰	庚寅
壬辰	戊辰
	庚辰
	丙辰
	(河魁辰)

○五合日(오합일)

甲寅　日月合(일월합)
乙卯
丙寅　陰陽合(음양합)
丁卯
戊寅　人民合(인민합)
己卯
庚寅　金石合(금석합)
辛卯
壬寅　江河合(강하합)
癸卯

(婚姻 및 百事吉 但 祭祠 穿井不吉)

○通用吉日(통용길일)

乙丑　丁卯　丙子　丁丑　辛卯　癸卯

(음양부장길일의 다음가는 吉日)

○婚姻納徵定親日(혼인납징정친일)

乙巳　壬子　癸丑　己丑　癸巳　壬午
乙未　丙辰　辛酉　庚寅

(納采(납채)및四柱(사주)에 吉합)

乙丑　丙戌　辛丑　壬子　己未　月恩(월은)
丙寅　戊子　壬寅　癸丑　黃道(황도)　天喜(천희)
丁卯　己丑　癸卯　甲寅　三合　定、成、開日(정성
辛未　壬辰　甲辰　乙卯　五合　개일)
戊寅　癸巳　丙午　丙辰　六合
己卯　乙未　丁未　丁巳
庚辰　戊戌　庚戌　戊午

○送禮天福吉日(송례천복길일)

(예물을 보낼때 길합＝납폐)

己卯　庚寅　辛卯　壬辰　癸巳　己亥
庚子　辛丑　乙巳　丁巳　庚辛

○冠笄日 (관계일)

(관대 속발에 吉함)

甲子　丙寅　丁卯　戊辰　辛未　壬申　丙子
戊寅　壬午　丙戌　辛卯　壬辰　癸巳　甲午
丙申　癸卯　甲辰　乙巳　丙午　丁未　庚戌
甲寅　乙卯　丁巳　辛酉　壬戌　天德　月德
天恩　天喜 (忌 天罡 河魁 月厭 受死 丑日 破日 及 入月定日)

○生甲 病甲 死甲 (생갑 병갑 사갑)

年에日	生甲 (생갑)	病甲 (병갑)	死甲 (사갑)
子年	子午	寅申	辰戌
丑年	辰戌	子午	寅申
寅年	寅申	辰戌	子午
卯年	子午	寅申	辰戌
辰年	辰戌	子午	寅申
巳年	寅申	辰戌	子午
午年	子午	寅申	辰戌
未年	辰戌	子午	寅申
申年	寅申	辰戌	子午
酉年	子午	寅申	辰戌
戌年	辰戌	子午	寅申
亥年	寅申	辰戌	子午

生甲은 吉하고　病甲은 平하고　死甲은 凶하니라

○月厭 月對日 (월염 월대일)

(혼인에 不吉함)

正、七月＝辰戌日　二、八月＝卯酉日
三、九月＝寅申日　四、十月＝巳亥日
五、十一月＝子午日　六、十二月＝丑未日

○ 歲干吉辰(세간길신)

(혼인에 길함)

年으로日	甲	乙	丙	丁	戊	己	庚	辛	壬	癸
歲德合(세덕합)	己	乙	辛	丁	癸	己	乙	辛	丁	癸
歲德(세덕)	甲	庚	丙	壬	戊	甲	庚	丙	壬	戊
天官貴人(천관귀인)	未	辰	巳	寅	卯	酉	亥	申	戌	午
太極貴人(태극귀인)	子	午	酉	卯	巳	午	寅	亥	巳	申

月德合(월덕합)	丁	乙	辛	己	丁	乙	辛	己	丁	乙	辛	己
驛馬(역마)	寅	亥	申	巳	寅	亥	申	巳	寅	亥	申	巳

○ 歲支吉辰(세지길신)

(혼인에 길함)

年으로日	子	丑	寅	卯	辰	巳	午	未	申	酉	戌	亥
歲天德(세천덕)	巽	庚	丁	坤	壬	辛	乾	甲	癸	艮	丙	乙
天德合(천덕합)	申	乙	壬	巳	丁	丙	寅	己	戊	亥	辛	庚
歲月德(세월덕)	壬	庚	丙	甲	壬	庚	丙	甲	壬	庚	丙	甲

○ 黃黑道(황흑도)

(혼인및 諸事에 吉함 但 혼인 시간을 황도시로 定한다)

본는 법은 月로 日辰(일진)을 가리고 일진으로 시간을 가린다。黃道(황도)는 吉하고 黑道(흑도)는 凶하니라。

黃黑道 月/日	青龍黃道(청룡황도)	白虎黑道(백호흑도)	明堂黃道(명당황도)	玉堂黃道(옥당황도)	天刑黑道(천형흑도)
寅申月日	子	午	丑	未	寅
卯酉月日	寅	申	卯	酉	辰
辰戌月日	辰	戌	巳	亥	午
巳亥月日	午	子	未	丑	申
午子月日	申	寅	酉	卯	戌
未丑月日	戌	辰	亥	巳	子

神殺						
天牢黑道(천로)〔흑도〕	申	戌	子	寅	辰	午
朱雀黑道(주작)〔흑도〕	卯	巳	未	酉	亥	丑
玄武黑道(현무)〔흑도〕	酉	亥	丑	卯	巳	未
金貴黃道(금귀)〔황도〕	辰	午	申	戌	子	寅
司命黃道(사명)〔황도〕	戌	子	寅	辰	午	申
天德黃道(천덕)〔황도〕	巳	未	酉	亥	丑	卯
句陳黑道(구진)〔흑도〕	亥	丑	卯	巳	未	酉

月厭(월염)、月對(월대)、男女本命日(남녀본명일＝甲子生이면 甲子日)、禍害(화해)、絶命(절명)、每月亥日(매월해일)、紅紗殺日(홍사살일)、披麻殺日(피마살일)、天賊(천적)、受死(수사)、月殺日(월살일＝正、五、九月＝丑日 二、六、十月＝戌日 三、七、十一月＝午日)、月忌日(월기일—每月 五、十四、二十三日)、

月破日(월파일)

月	正	二	三	四	五	六	七	八	九	十	十一	十二
	寅	酉	戌	亥	丑	未	寅	卯	辰	巳	午	未

十惡(십악)、伏斷日(복단일)、冬至(동지)、夏至(하지)、端午(단오)、四月八日(사월팔일)

○七殺日(칠살일)

(혼인 및 諸事不吉)

角日(각일)　亢日(항일)　奎日(규일)
婁日(누일)　鬼日(귀일)　牛日(우일)

○婚姻總忌日(혼인총기일)

혼인 총기일은 혼인에 꺼리는 날이니 이날을 除外하고 혼인할 날을 택일함이 可하다.

○年玉女殺(연옥여살)

(忌 新行方＝신행방을 꺼린다)

春(봄)＝寅卯辰方(동방)
夏(여름)＝巳午未方(남방)
秋(가을)＝申酉戌方(서방)
冬(겨울)＝亥子丑方(북방)

水姓(수성)이 北門으로 들어 오면 凶하고,

○三地不受法(삼지불수법)

혼인 신행에 가리나니 지고 오면 집안에 해가
되고 안고 오면 오는 사람에 해가 되나니라.

申子辰年=亥子丑(北)方

寅午戌年=巳午未(南)方

巳酉丑年=申酉戌(西)方

亥卯未年=寅卯辰(東)方

○坐向日(좌향일)

(신부가 앉는 방향)

甲己日=東北、乙庚日=西北、丙辛日=西南、

丁壬日=正南 戊癸日=東南

○新婦入門法(신부입문법)

(신부가 신랑집에 처음 들어올때 가리니라。)

金姓(금성)이 北門으로 들어 오면 흉하고、

木姓(목성)이 西문으로 들어오면 흉하고、

火姓(화성)이 南문으로 들어 오면 흉하고、

土姓(토성)이 西문으로 들어 오면 흉하니라.

○新行周堂圖(신행주당도)

(신행일에 주당을 보는 법)

門 竈　大月은 竈자로 부터 堂字를

路　향하여 세어 나가고 小月은

　厨字로 부터 路字를 향하여

廚 竈　세어 나가니라.

死睡厨竈를 사용하라.

○婚姻周堂圖(혼인주당도)

(혼인당일에 주당을 보는 법)

翁　順行하고 小月은 婦字로부

第　터 逆行하나니라.

婦　大月은 夫字로부터 姑字로

竈　第堂厨竈日을 擇하되 翁姑

(옹고)가 없는 사람은 이를

씨도 無妨(무방)하니라.

○ **新婦入宅日**(신부입택일)

丙寅 庚寅 丙子 辛酉 辛卯 天德合(천덕합) 月德合(월덕합)

四、移 徙 門(이사문)

○ **移徙及入宅日**(이사및입택일)

생기 복덕을 맞추어 모든 흉일을 피하여 이
사 혹은 입택하나니라.

甲子 乙丑 丙寅 庚午 丁丑 乙酉 庚寅
壬辰 癸巳 乙未 壬寅 癸卯 丙午 庚戌
癸丑 乙卯 丙辰 丁巳 己未 庚申

驛馬(역마) 月恩(월은) 四相(사상)

忌=天賊日(천적일) 受死日(수사일)

月猒(월염) 家主本命日(가주본명일)

冲日(충일) 建破平收日(건파평수일— 책력에 있음)

○ **月殺方**(월살방)

(이사에 不吉한 方向)

正、五、九月=丑方　二、六、十月=戌方
三、七、十一月=未方　四、八、十二月=辰方

○ **出行吉日**(출행길일)

甲子 乙丑 丙寅 丁卯 戊辰 庚午 辛未
甲戌 乙亥 丁丑 己卯 甲申 丙戌 己丑
庚寅 辛卯 甲午 乙未 庚子 辛丑 壬寅

癸卯　丙午　丁未　己酉　壬子　癸丑　甲寅
乙卯　庚申　辛酉　壬戌　癸亥　　（忌＝往亡日）
受死　天賊　赦日　巳日　破　平　收日

○鐵掃法(철소법)

辰巳子生＝五月　　寅卯午生＝十一月
申酉丑生＝八、九月　　戌亥未生＝十二月

○人動日(인동일)

(사람 들이는 것을 꺼림)

每月＝一日　三日　八日　十三日　十八日
　　　二十三日　二十四日

○人隔日(인격일)

正月＝酉日　二月＝未日　三月＝巳日
四月＝卯日　五月＝丑日　六月＝亥日
七月＝酉日　八月＝未日　九月＝巳日
十月＝卯日　十一月＝丑日　十二月＝亥日

○移徙方位圖(이사방위도)

一、天祿(천록)　　二、眼損(안손)
三、食神(식신)　　四、甑破(증파)
五、五鬼(오귀)　　六、合食(합식)
七、進鬼(진귀)　　八、官印(관인)
九、退食(퇴식)

※ 천록 식신 합식 관인은 길하고 其外는
　모두 흉하니라.

方位			
男子	九·一八·二七·三六·四五·五四·六三·七二	一·十·十九·二八·三七·四六·五五·六四·七三	二·十一·二十·二九·三八·四七·五六·六五·七四
東南	天祿	眼損	食神
東	退食	天祿	眼損
西南	官印	退食	天祿
北	進鬼	官印	退食
南	合食	進鬼	官印
東北	五鬼	合食	進鬼
西	甑破	五鬼	合食
西北	食神	甑破	五鬼
中	眼損	食神	甑破
女子	二·十一·二十·二九·三八·四七·五六·六五·七四	三·十二·二一·三十·三九·四八·五七·六六·七五	四·十三·二二·三一·四十·四九·五八·六七·七六

八	七	六	五	四	三
十七	十六	十五	十四	十三	十二
二十六	二十五	二十四	二十三	二十二	二十一
三十五	三十四	三十三	三十二	三十一	三十
四十四	四十三	四十二	四十一	四十	三十九
五十三	五十二	五十一	五十	四十九	四十八
六十二	六十一	六十	五十九	五十八	五十七
七十一	七十	六十九	六十八	六十七	六十六
仝	七十九	七十八	七十七	七十六	七十五
退食	官印	進鬼	合食	五鬼	甑破
官印	進鬼	合食	五鬼	甑破	食神
進鬼	合食	五鬼	甑破	食神	眼損
合食	五鬼	甑破	食神	眼損	天祿
五鬼	甑破	食神	眼損	天祿	退食
甑破	食神	眼損	天祿	退食	官印
食神	眼損	天祿	退食	官印	進鬼
眼損	天祿	退食	官印	進鬼	合食
天祿	退食	官印	進鬼	合食	五鬼

九	八	七	六	五	四
十八	十七	十六	十五	十四	十三
二十七	二十六	二十五	二十四	二十三	二十二
三十六	三十五	三十四	三十三	三十二	三十一
四十五	四十四	四十三	四十二	四十一	四十
五十四	五十三	五十二	五十一	五十	四十九
六十三	六十二	六十一	六十	五十九	五十八
七十二	七十一	七十	六十九	六十八	六十七
仝一	仝	七十九	七十八	七十七	七十六

○移徙日周堂圖(이사일주당도)

天　殺
害　富
災　師

大月은 安字으로부터 利字로 순행하고
小月은 天字으로부터 利字로 역행한다.
利安天富師는 吉하고 災害殺은 不吉하니라.

五、祭祀 祈福(제사기복).

○祭祀吉日(제사길일)

甲子　乙丑　丁卯　戊辰　辛未　壬申　癸酉
甲戌　丁丑　己卯　庚辰　壬午　甲申　乙酉
丙戌　丁亥　己丑　辛卯　甲午　乙未　丙申

丁酉 乙巳 丙午 丁未 戊申 丁酉 庚戌
乙卯 丙辰 丁巳 戊午 己未 辛酉 癸亥

(忌＝天狗日 寅日 天狗下食時)

○祈福日(기복일)

(고사에 吉함)

壬申 乙亥 丙子 丁丑 壬午 癸未 丁亥
己丑 辛卯 壬辰 甲午 乙未 丁酉 壬子
甲辰 戊申 乙卯 丙辰 戊午 壬戌 癸亥

黃道(황도) 天恩(천은) 天赦(천사)
天德(천덕) 天德合(천덕합) 月德(월덕)
母倉上吉日(모창상길일)
定 成 開日(정성개일)

○佛供日(불공일)

甲子 甲戌 甲午 甲寅 乙丑 乙酉 丙寅 丙申
丁未 戊寅 戊子 己丑 庚午 辛卯 辛酉 癸卯

○山祭吉日(산제길일)

甲子 乙亥 乙酉 乙卯 丙子
丙戌 庚戌 辛卯 壬申 甲申

○山神下降日(산신하강일)

(산신제에 吉함)

甲子 甲戌 甲午 甲寅 乙丑 乙亥 乙未
乙卯 丁卯 丁亥 戊辰 己巳 己酉 庚辰
庚戌 辛卯 辛亥 壬寅 癸卯

○七星下降日(칠성하강일)

(칠성제에 吉합 忌＝伏斷、受死、天賊)。

正月＝三日、七日、十日、十五日、二十二日、二十五日、二十六日、二十七日

二月＝三日、七日、八日、十五日、二十二日、二十六日、二十七日

三月＝三日、七日、十五日、二十一日、二

十六日、二十七日

四月=三日、七日、八日、十五日、二十
日、二十六日、二十七日

五月=三日、七日、八日、十五日、二十
日、二十六日、二十七日

六月=三日、七日、八日、十五日、二十
日、二十六日、二十七日

七月=三日、七日、八日、十五日、二十
日、二十七日

八月=三日、七日、八日、十五日、二十
日、二十七日

九月=三日、七日、八日、十五日、二十
日、二十七日

十月=三日、七日、八日、十五日、二十
日、二十七日、二十八日

十一月=三日、七日、八日、十五日、二十七
日

十二月=三日、七日、八日、十五日、二十六
日、二十七日

○河海 及 龍王祭日（하해 및 용왕제일）

庚午 辛未 壬申 癸酉 甲戌 庚子

辛酉 및 除、滿、執、成、開日

○天狗下食時（천구하식시）

子日亥時 丑日子時 寅日丑時 卯日寅時
辰日卯時 巳日辰時 午日巳時 未日午時
申日未時 酉日申時 戌日酉時 亥日戌時

（이 시간에 제사나 고사를 지내면 무효니라）

六、其 他(기 타)

○安葬吉日(안장길일)

正月＝癸酉 丁酉 乙酉 辛酉 己酉 丙寅 壬午 丙午

二月＝丙寅 壬申 甲申 癸酉 乙酉 丙申 壬寅 己未 庚申

三月＝壬申 甲申 丙申 癸酉 乙酉 丁酉 丙午 壬午 庚申 辛酉 庚午

四月＝乙酉 己酉 丁酉 癸酉 辛酉 壬午 乙丑 庚午 丁丑 己丑 甲午

五月＝甲申 丙申 庚申 壬申 甲寅 庚寅 壬寅 辛未 甲戌 庚辰 甲辰

六月＝癸酉 乙酉 辛酉 壬申 庚申 甲申 丙申 乙亥 壬寅 甲寅 庚寅 辛卯

七月＝乙未 丙午 戊申 癸未 癸酉 乙酉 丁酉 己酉 壬申 丙子 甲午 甲申 丙午 丙辰 壬子 壬辰 丙申

八月＝壬申 甲申 丙申 庚申 壬寅 庚寅 壬辰 乙巳 丙辰 丁巳 癸酉 乙酉 己巳

九月＝壬午 丙午 丙寅 庚寅 壬寅 庚午 甲戌 戊午 辛亥

十月＝丙子 甲辰 丙辰 丙午 壬午 庚午 壬辰 甲子 庚子 辛未 癸酉 甲午 乙未

十一月＝庚寅 壬寅 甲寅 壬申 甲辰 丙申 庚申 壬子 壬辰

十二月＝壬申 壬寅 甲寅 癸酉 甲申 丙申 庚申 乙酉 丙寅 戊寅 庚寅

○定礎日(정초일)
(주추 놓는데 吉함)

甲子 乙丑 丙寅 己巳 庚午 辛未 甲戌 乙亥
戊寅 己卯 辛巳 壬午 癸未 甲申 丁亥 戊子
己丑 庚寅 癸巳 乙未 丁酉 戊戌 己亥 庚子
壬寅 癸卯 丙午 戊申 己酉 壬子 癸丑 甲寅
乙卯 丙辰 丁巳 己未 庚申 辛酉 黃道、天德
月德、定、成日

○堅柱吉日(견주길일)
(기둥 세우는데 吉함)

己巳 乙亥 己卯 甲申 乙酉 戊子 己丑 庚寅
乙未 己亥 辛丑 癸卯 乙巳 戊申 己酉 壬子
甲寅 己未 庚申 壬戌 丙寅 辛巳

(四柱月、寅、申、巳、亥 三合黃道 天德 月德 成開日)

○上樑吉日(상량길일)
(상량 하는데 吉함)

甲子 乙丑 丁卯 戊辰 己巳 庚午 辛未 壬申

○蓋屋吉日(개옥길일)
(지붕 덮는 날)

甲戌 丙子 戊寅 庚辰 壬午 甲申 丙戌 戊子
庚寅 甲午 丙申 丁酉 戊戌 己亥 庚子 辛丑
壬寅 癸卯 乙巳 丁未 己酉 辛亥 癸丑 乙卯
丁巳 己未 辛酉 癸亥 定 成 開日

(忌=黑道 獨火 天火 天賊 受死 陰陽錯 天瘟 月破 氷消瓦解 天罡 河魁 伏斷 天災日)

○造醬吉日(조장길일)
(장 담그는데 吉함)

丁卯 丙寅 丙午 天德合 月德合 滿 成 開日

(忌=辛日)

○修造動土日(수조동토일)

(집을 고치고 흙을 다루는 날)

甲子 癸酉 戊寅 己卯 庚辰 辛巳 甲申 丙戌
甲午 丙申 戊戌 己亥 庚子 甲辰 丙午 丁未
癸丑 戊午 庚午 辛未 丙辰 丁巳 辛酉
四時 相日 生氣 天德 月德 月恩 定日 玉堂日
金櫃日 (忌=土星 土瘟 土忌天 賊建破平收日)

癸未 甲申 辛卯 壬辰 癸巳 乙未 庚子 癸卯
丁未 戊申 壬子 甲寅 乙卯 己未 辛酉 三合
六合 月德合 執成日

(忌=建、破、平、收、天賊、空亡、伏斷日)

○天下滅亡日(천하멸망일)

正、五、九月=丑日　二、六、十月=辰日
三、七、十一月=未日　四、八、十二月=戌日

(諸事不吉)

○天賊日(천적일)

正、四、七、十月=滿字
二、五、八、十一月=破字
三、六、九、十二月=開字

(日曆에 記入되어있음)

○行船日(행선일)

(배 떠나는데 길한 날)

乙丑 丙寅 丁卯 戊辰 丁丑 戊寅 壬午 乙酉
辛卯 甲午 乙未 庚子 辛丑 辛亥 丙辰 戊午
己未 辛酉

(忌=天賊 受死 月破 張箕宿 水隔 伏斷 建破危日)

○立券交易(입권교역)

甲子 辛未 甲戌 丙子 丁丑 庚辰 辛巳 壬午

○伐木日(벌목일)

己巳 庚午 辛未 壬申 甲戌
乙亥 戊寅 己卯 壬午 甲申

乙酉　戊子　甲午　乙未　丙申
壬寅　丙午　丁未　戊申　己酉
甲寅　乙卯　己未　庚申　辛酉
天德、月德、定、成、開日
또는　自立冬后　至立春前　午申日
(忌＝天賊　受死　建　破　平　收　危日　山隔日)

○祭水神日(제수신일)

(수신에 제사드리는 날)

庚午　辛未　壬申　癸酉　甲戌　庚子
辛酉　除　滿　執　成　開日

○十二支獸名表(십이지수명표)

子＝鼠(쥐)　丑＝牛(소)　寅＝虎(범)
卯＝兎(토끼)　辰＝龍(용)　巳＝蛇(뱀)
午＝馬(말)　未＝羊(양)　申＝猴(잔나비)
酉＝鷄(닭)　戌＝狗(개)　亥＝猪(돼지)

○三災法(삼재법)

巳酉丑生＝亥子丑年　　申子辰生＝寅卯辰年
亥卯未生＝巳午未年　　寅午戌生＝申酉戌年

○五行屬姓(오행속성)

金＝徐(서)　成(성)　黃(황)　元(원)　韓(한)　南(남)　張(장)　柳(유)　申(신)
安(안)　梁(양)　蔣(장)　方(방)　杜(두)　河(하)　白(백)　楊(양)　片(편)
慶(경)　郭(곽)　盧(노)　裵(배)　文(문)　王(왕)　班(반)　陰(음)　晋(진)
邵(소)

木＝金(김)　趙(조)　朴(박)　崔(최)　俞(유)　孔(공)　高(고)　車(차)　康(강)
劉(유)　廉(염)　朱(주)　陸(육)　洪(홍)　董(동)　固(고)　虞(우)　鼎(정)
周(주)　延(연)　火(화)　秋(추)　簡(간)　曺(조)

水＝

吳(오) 余(여) 龍(용)
呂(여) 千(천) 皐(고)
禹(우) 孟(맹) 牟(모)
奇(기) 卞(변) 毛(모)
許(허) 卜(복) 乜(먀)
蘇(소) 梅(매) 南宮(남궁)
馬(마) 尚(상) 皇甫(황보)
魯(노) 魚(어)
曾(증) 庚(경)

火＝

鮮于(선우)
東方(동방)

李(이) 全(전)
尹(윤) 邊(변)
鄭(정) 池(지)
姜(강) 石(석)
蔡(채) 陳(진)
羅(나) 吉(길)
愼(신) 玉(옥)
辛(신) 卓(탁)
丁(정) 薛(설)

土＝

宋(송) 咸(함)
權(권) 具(구)
閔(민) 秦(진)
任(임) 唐(당)
林(임) 宣(선)
嚴(엄) 段(단)
孫(손) 鄧(등)
皮(피)
丘(구)

都(도) 陶(도)
田(전) 睦(목)
沈(심) 冉(염)
奉(봉) 仇(구)
明(명) 童(동)
貢(공)
牛(우)
甘(감)
玄(현)

도 액 부 작 (度厄符作)

● 七星符(칠성부)

● 觀世音符 (관세음부)

● 觀音 符(관음부)

〔소원성취부작〕

七星符 (talisman):

水輪　土輪　火輪　風輪

我本天台綠髮翁
三尺長劍在手中
昨夜上帝嚴令下
一揮長劍斬惡神

觀世音符 (talisman box):

독송구불절 염염심부절
화염불능상 도병립최절
南無觀世音菩薩
에노생환희 사자변성활
막언차시허○제불불망설

만사대길

만사대길(萬事大吉)

● 觀音符(관음부)

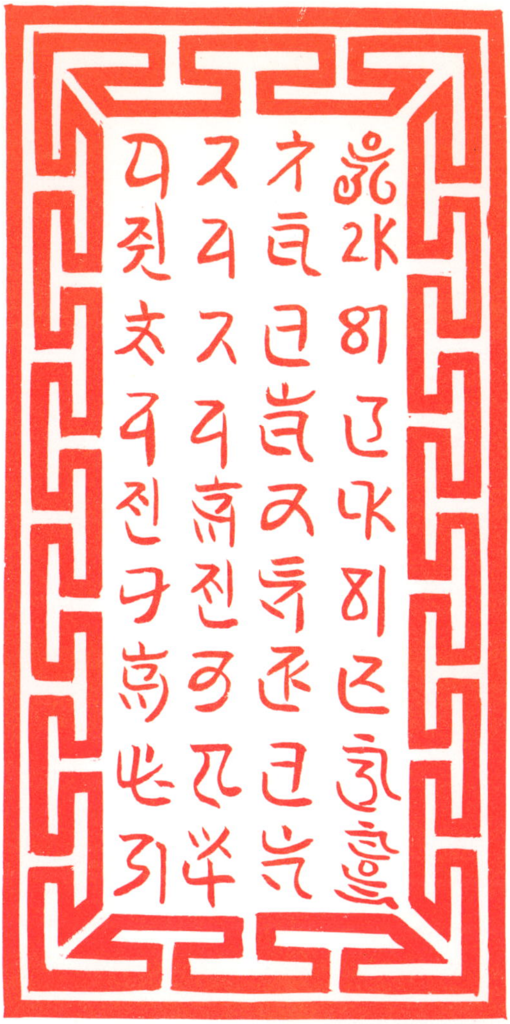

● 善神守護符 (선신수호부)

선신이 보호해 달라는 부작

이 관음부작을 집안에 붙이면 모두 신(神)이 열복 하나니라

부 작

● 淨土往生符(정토왕생부)

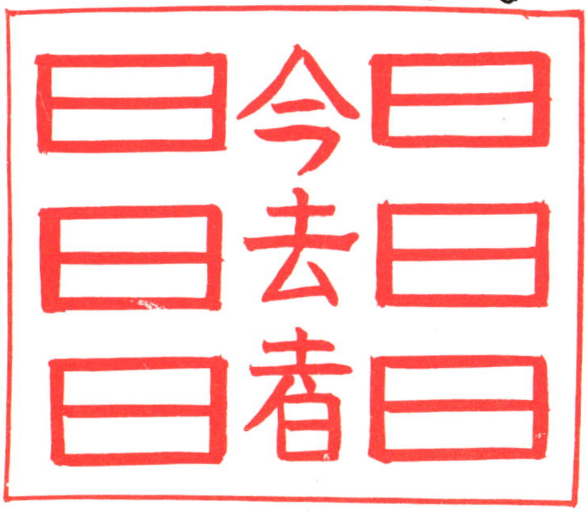

정결한 땅에다시 탄생 하라는 부작

병고치는 부작

사용 하는 법은 병(病)이 발생(發生)한 날(日字)과 이 부작에 기입한 날자와 마주어 그려서 사용하면 신효하게 낫느니라

初一日 病符 (초하루 병부작)

한장은 태워서 삼키고
한장은 문(門)위에 붙인다

初二日 病符 (초 이틀 병부작)

한장은 태워서 삼키고
한상은 문위에 붙인다

初三日 病符 (초 사흘 병부작)

한장을 태워서 삼키면 길하다

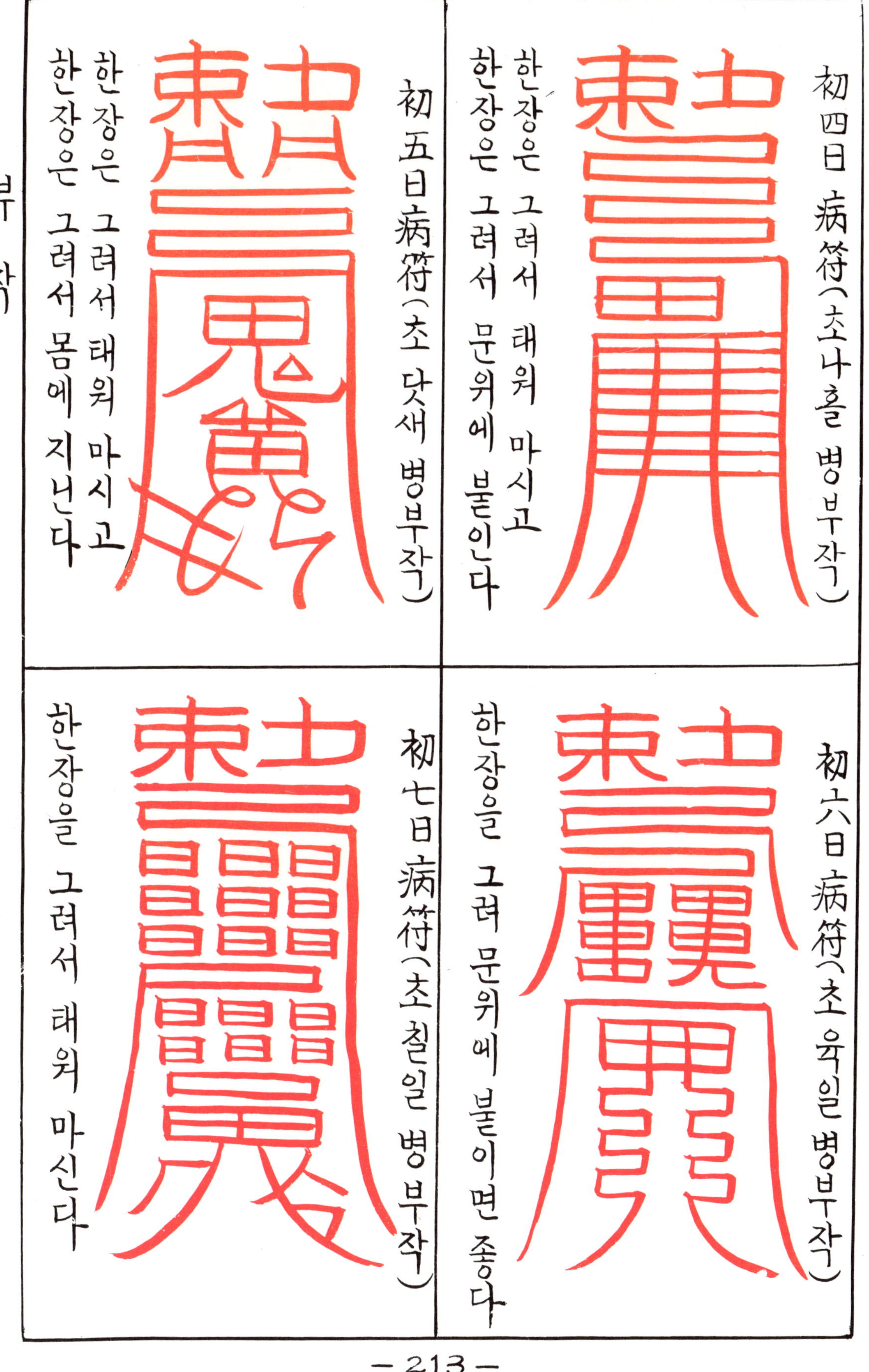
初四日 病符(초나흘 병부작)
한장은 그려서 태워 마시고
한장은 그려서 문위에 붙인다
初五日病符(초 닷새 병부작)
한장은 그려서 태워 마시고
한장은 그려서 몸에 지닌다
初六日病符(초 육일 병부작)
한장을 그려 문위에 붙이면 좋다
初七日病符(초 칠일 병부작)
한장을 그려서 태워 마신다
부 작

初八日病符(초팔일 병부작)

한장을 그려 태위 마시면 효험하다

初九日病符(초구일 병 부작)

한장은 그려 태워서 마시고
한장은 그려서 문위에 붙인다

初十日病符(초십일 병 부작)

한장을 태워 마시면 좋다

十一日病符(십일일 병 부작)

한장을 방문위에 그려 붙이면 좋다

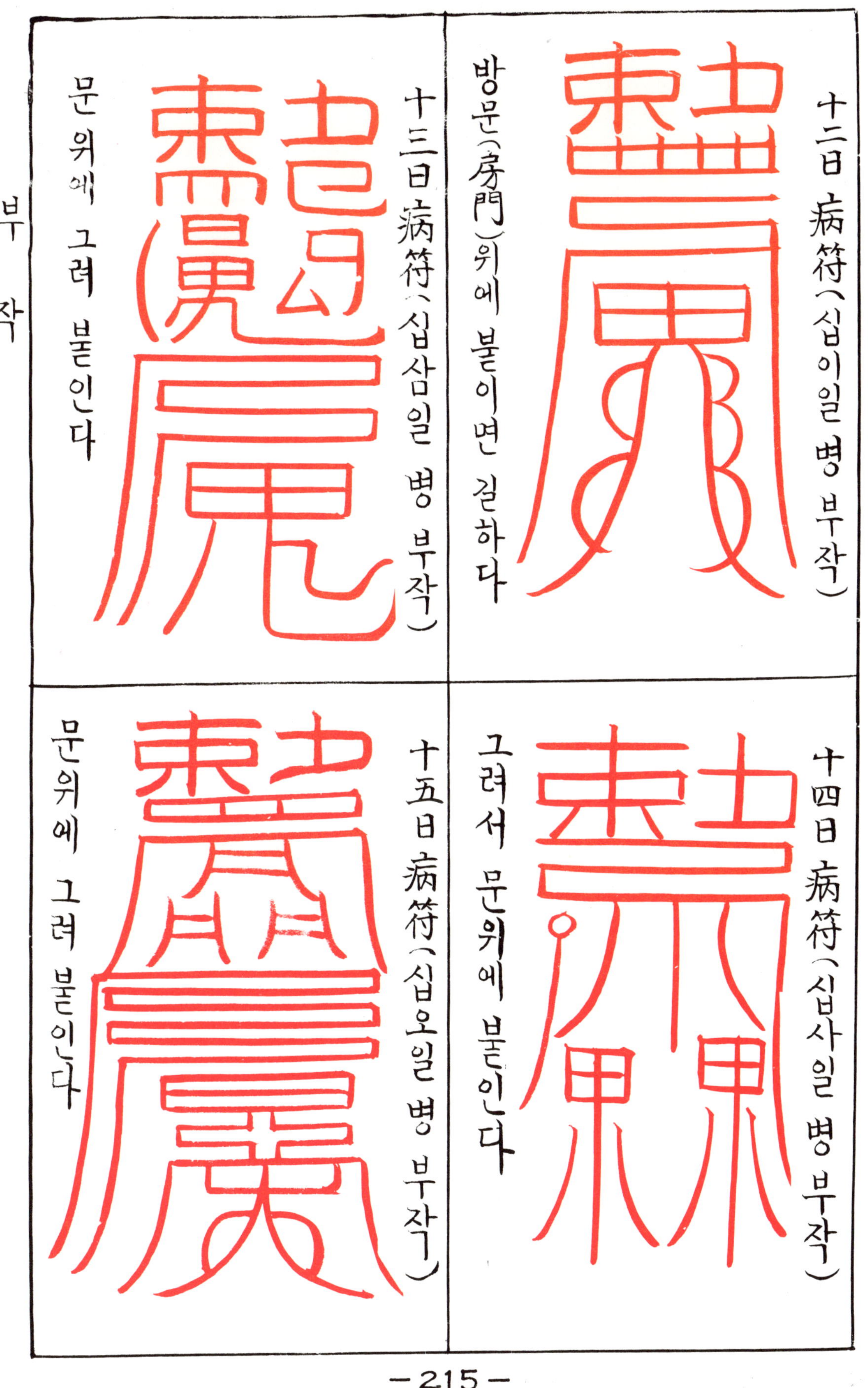

十二日 病符(십이일 병 부작)
방문(房門)위에 붙이면 길하다
十三日 病符(십삼일 병 부작)
문 위에 그려 붙인다
十四日 病符(십사일 병 부작)
그려서 문위에 붙인다
十五日 病符(십오일 병 부작)
문 위에 그려 붙인다
부 작

十六日 病符(십육일 병 부작)

한장은 태워 마시고
한장은 몸에 지닌다

十七日 病符(십칠일 병 부작)

한장은 태워서 마시고
한장은 몸에 지닌다

十八日 病符(십팔일 병 부작)

한장은 그려 태워 마시고
한장은 그려 머리위에 놓아둔다

十九日 病符(십구일 병 부작)

한장은 태워서 마시고
한장은 머리위에 놓아둔다

二十日 病符(이십일 병 부작)
한장은 그려서 태워 마시고
한장은 그려서 문위에 붙인다

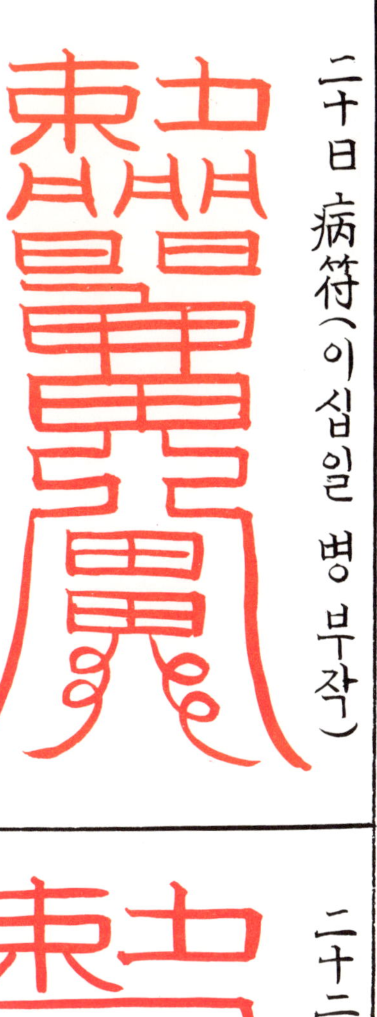

二十一日 病符(이십일일 병 부작)
한장을 그려 태워 마신다

(부 작)

二十二日 病符(이십이일 병 부작)
한장을 태워 마시면 길하다

二十三日 病符(이십삼일 병 부작)
한장은 그려서 태워 마시고
한장은 그려서 몸에 지닌다

二十四日 病(이십사일 병 부작)

한장은 태워 마시고
한장은 몸에 지닌다

二十五日 病符(이십오일 병 부작)

한장을 문위에 그려 붙인다

二十六日 病符(이십육일 병 부작)

한장을 그려서 문위에 붙인다

二十七日 病符(이십칠일 병 부작)

한장을 그려 머리에 꽂으면 가장좋다

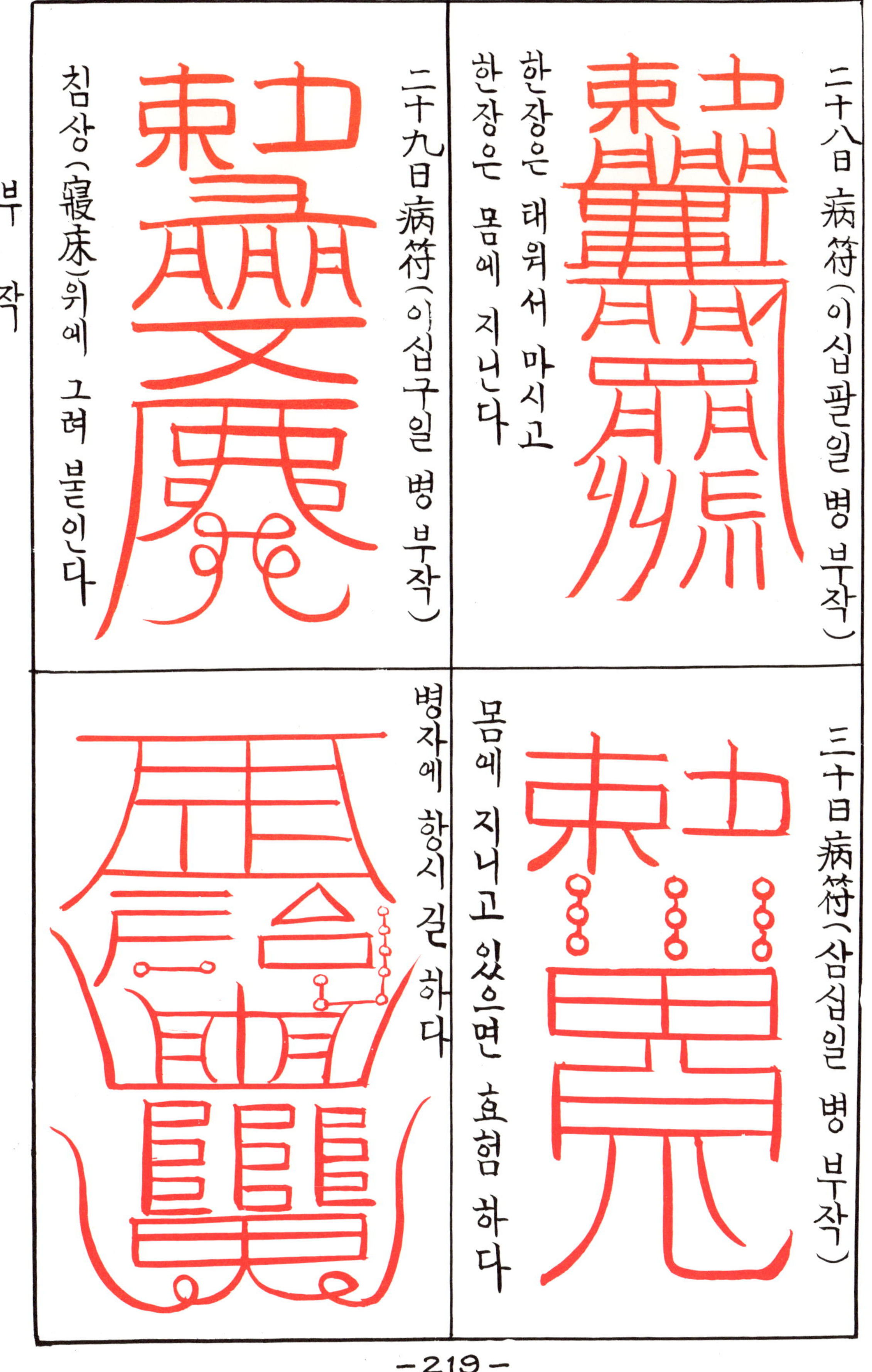

二十八日 病符(이십팔일 병 부작)
한장은 태워서 마시고
한장은 몸에 지닌다

二十九日病符(이십구일 병 부작)
침상(寢床)위에 그려 붙인다

三十日病符(삼십일 병 부작)
몸에 지니고 있으면 효험 하다
병자에 항시 길 하다

부 작

● 所望成就符(소망성취부) (一)

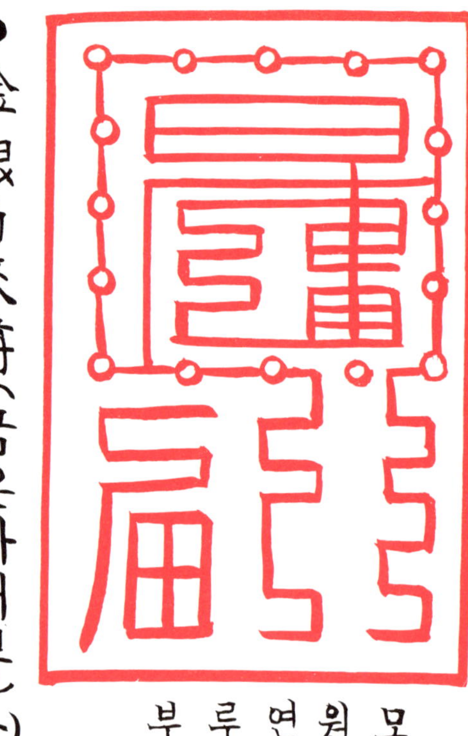

모든 소원이 자연히 이루어지는 부작

(二)

● 金銀自來符(금은자래부) (一)

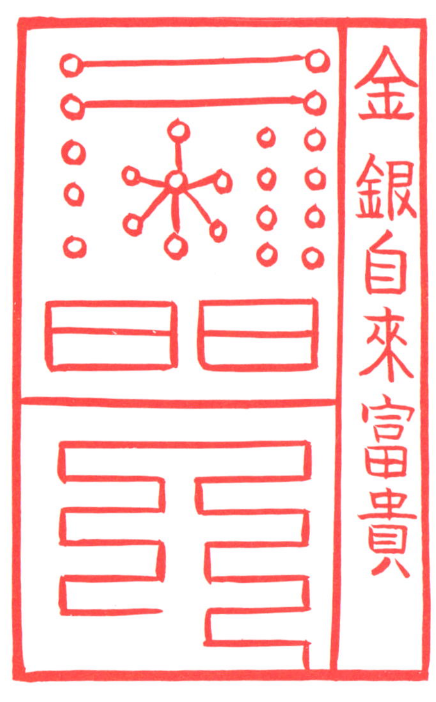

금은과 재산이 자연히 이르는 부작

金銀自來富貴 (二)

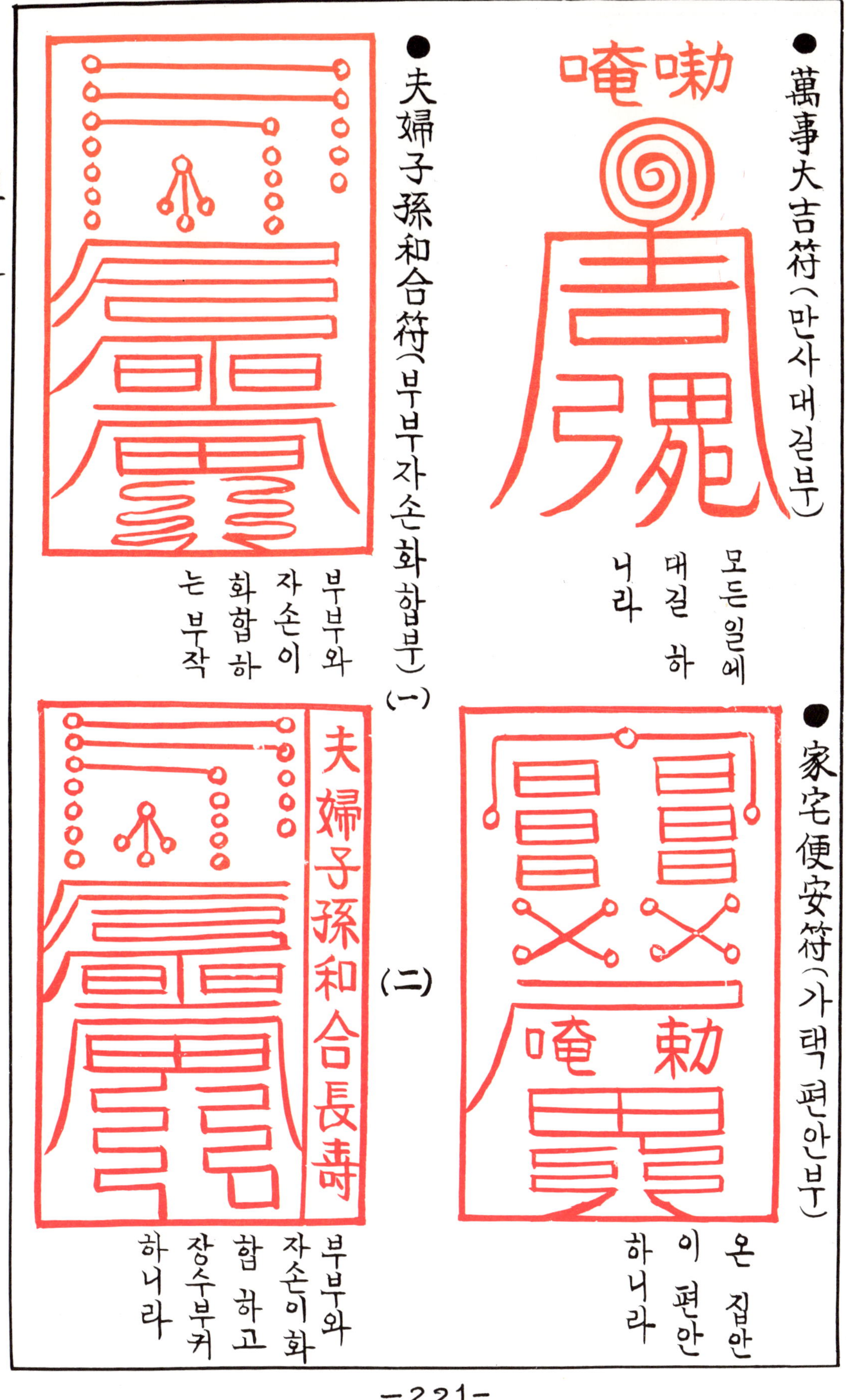

● 萬事大吉符(만사대길부)

모든 일에 대길 하 니라

● 家宅便安符(가택편안부)

온 집안 이 편안 하니라

● 夫婦子孫和合符(부부자손화합부) (一)

부부와 자손이 화합하 는 부작

夫婦子孫和合長壽 (二)

부부와 자손이화 합 하고 장수부귀 하니라

● 三災符(삼재부)

三災法(삼재법)

巳酉丑生(사유축생)＝亥子丑年(해자축년)

亥卯未生(해묘미생)＝巳午未年(사오미년)

申子辰生(신자진생)＝寅卯辰年(인묘진년)

寅午戌生(인오술생)＝申酉戌年(신유술년)

自然遠離三災符(자원원리 삼재부)(一)

삼재가 자연히 멀리 나가 버리는 부작

三災消滅符(삼재소멸부)(一)

三災消滅符除殺天刑星

自然遠離三災(二)

● 宅内百神不侵符(댁내백신불침부)(一)

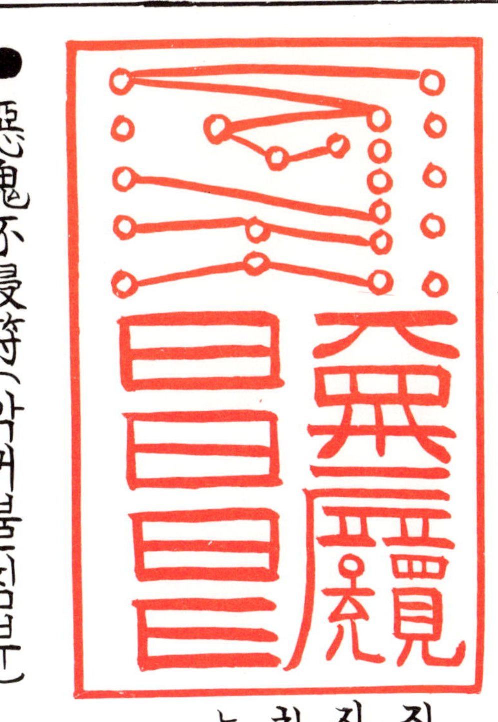

집안에 백가지 커신이 침범 못하는 부작

(二)

● 宅内百神不侵

● 惡鬼不侵符(악귀불침부)

악귀가 침범치 못하는 부작

● 雜鬼不侵符(잡귀불침부)

잡귀가 침범치 못하는 부작

부 작

● 雜鬼不侵符(잡귀 불침부) (一)

모든 잡귀가 침범 하지 못 하는 부작

● 火災豫防符(화재예방부) (二)

화재수를 미리 막는 부작

● 憂患消滅符(우환소멸부)

집안의 질병과 우환을 소멸하는 부작

부
작

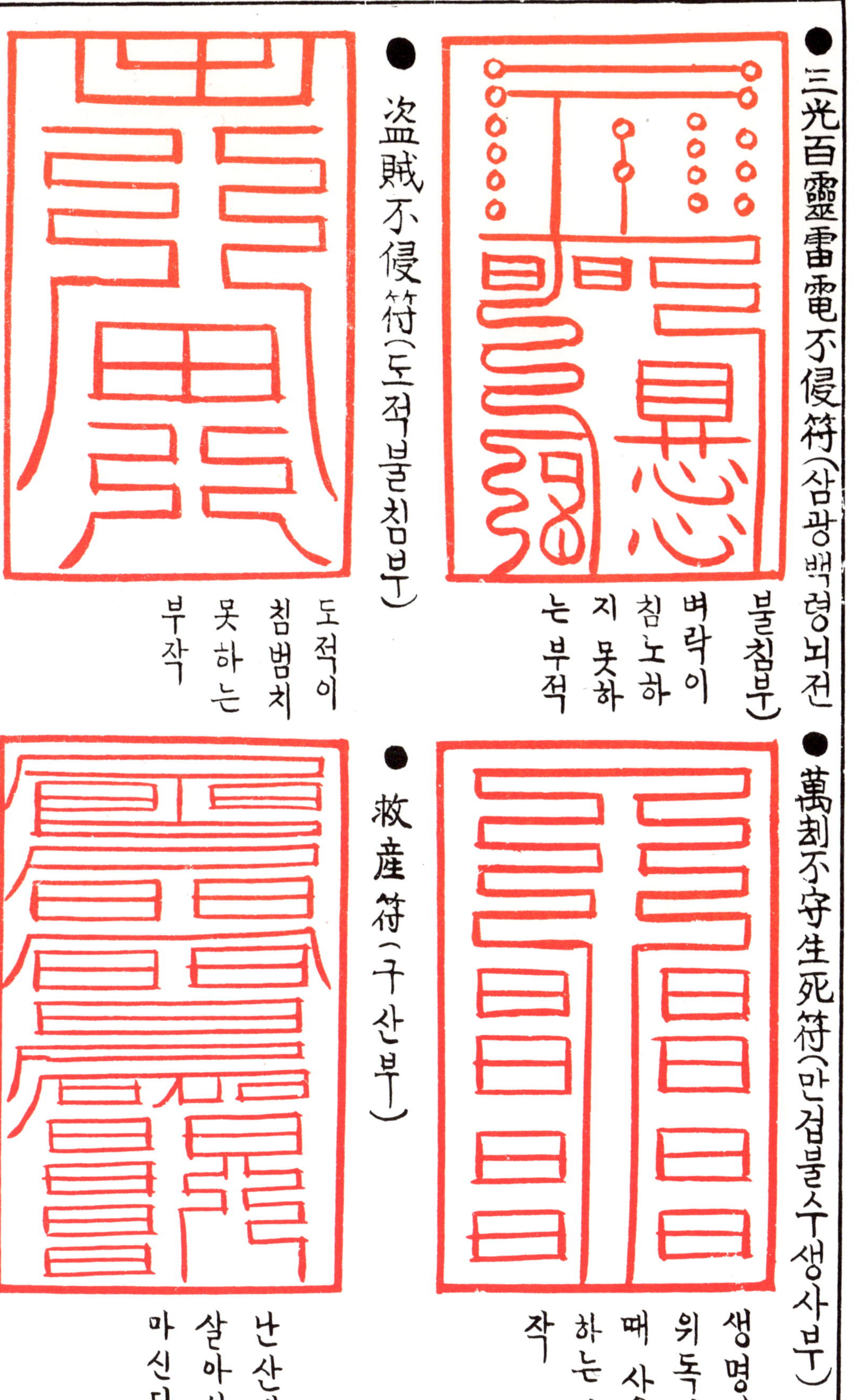

● 三光百靈雷電不侵符(삼광백령뇌전불침부)

벼락이 침노하지 못하는 부적

● 萬劫不守生死符(만겁불수생사부)

생명이 위독할 때 사용하는 부작

● 盜賊不侵符(도적불침부)

도적이 침범치 못하는 부작

● 救産符(구산부)

난산에 살아서 마신다

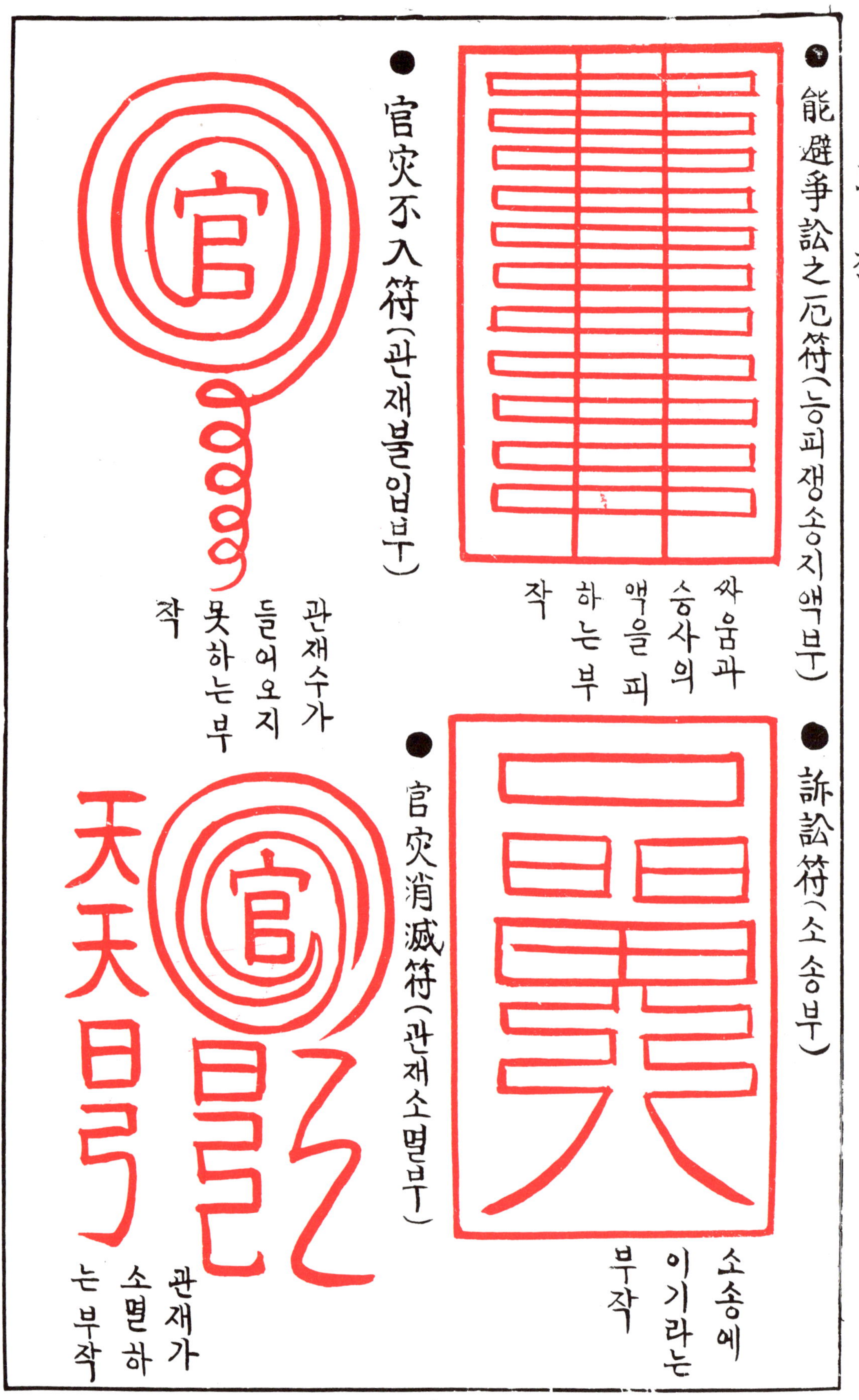

부 작
能避爭訟之厄符(능피쟁송지액부)
訴訟符(소송부)
싸움과 승사의 액을 피 하는 부 작
소송에 이기라는 부작
官災不入符(관재불입부)
官災消滅符(관재소멸부)
관재수가 들어오지 못하는 부 작
관재가 소멸하 는 부작

●辟邪符(벽사부)

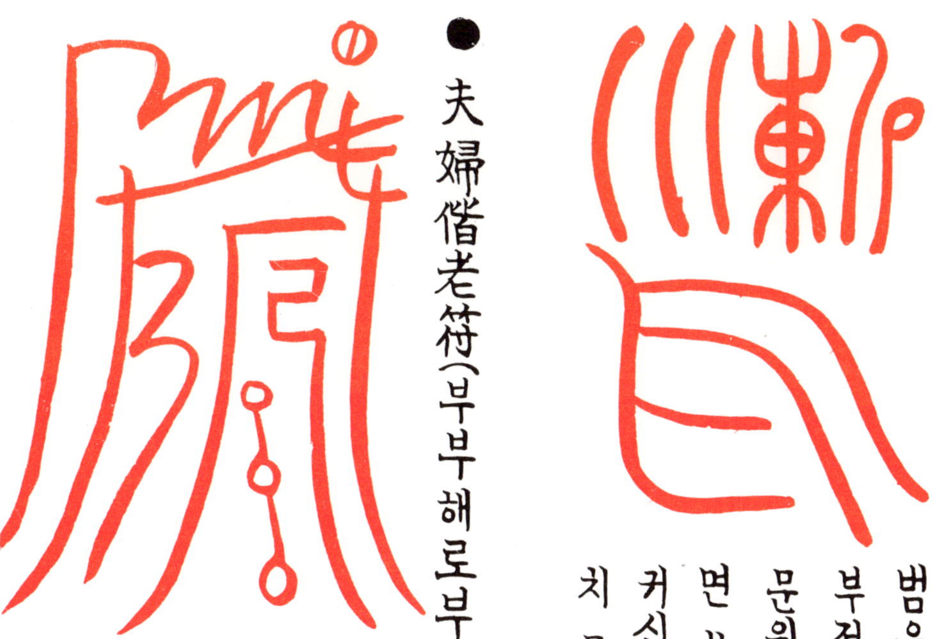

범을 그려서
부적과 같이
문위에 붙이
면 학질이나
귀신이 침범
치 못한다

●夫婦偕老符(부부해로부)

부부간
에 해로
해달라
는 부작

●大招官職符(대초관직부)

관직을
얻고져
할때사
용하는
부작

●求子孫符(구자손부)

자손을
낳게해
달라는
부작

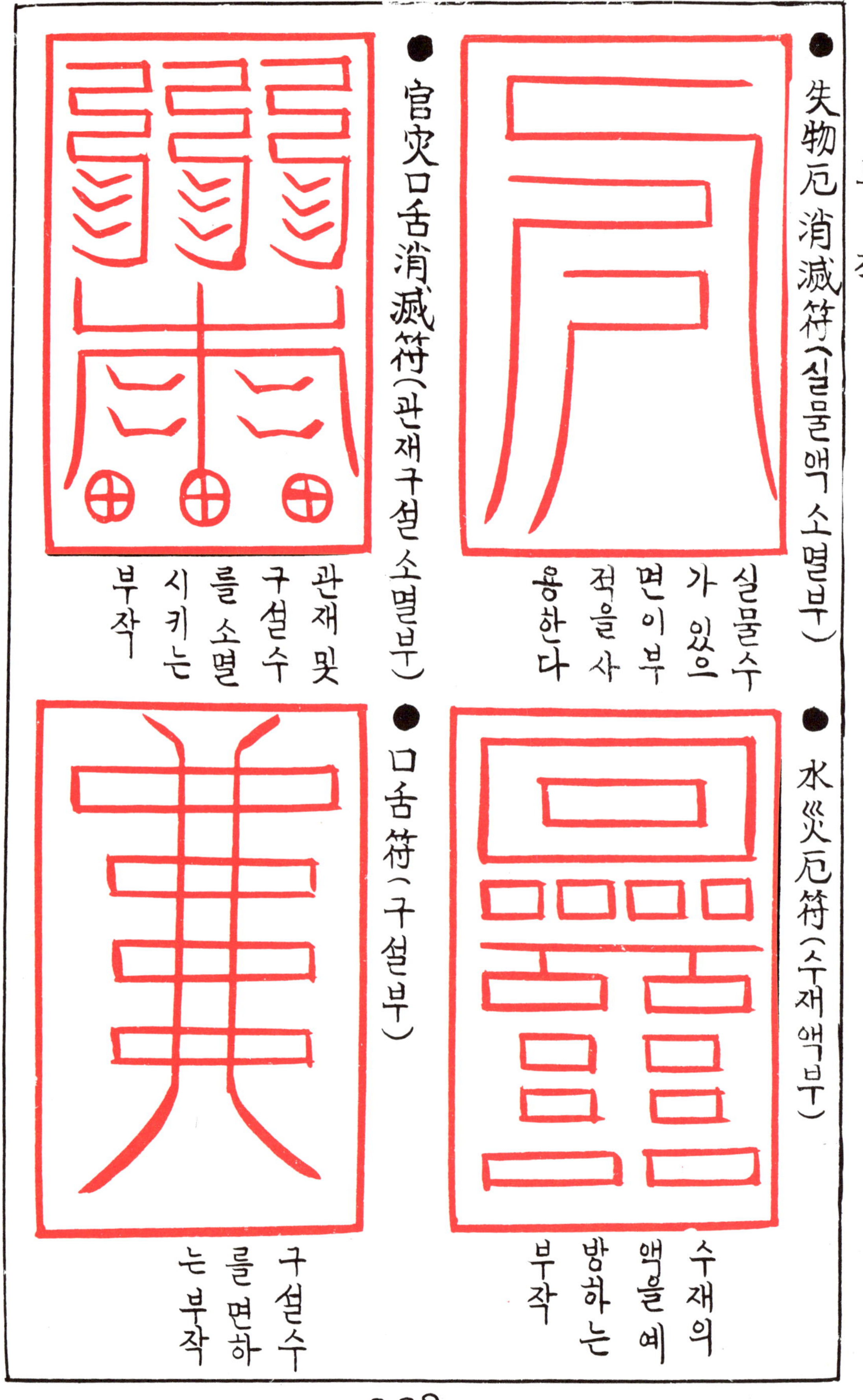

● 失物厄 消滅符（실물액 소멸부）

실물수가 있으면 이 부적을 사용한다

● 水災厄符（수재액부）

수재의 액을 예방하는 부작

● 官災口舌消滅符（관재구설 소멸부）

관재 및 구설수를 소멸시키는 부작

● 口舌符（구설부）

구설수를 면하는 부작

● 安宅符(안 택부)

집안을 편하게 하는 부작

● 除殺符(제 살부)

모든 살을 제거 하는 부작

● 度厄符(도 액부)

신수가 불건할 때 사용

● 竈王動土符(조 왕동토부)

조왕에 동토부 정이 났을때 사용한다

● 動土符（동토부）

흐리다른 부정에 사용함

● 木不淨（목부정）

나무다른 부정에사 용한다

● 石不淨符（돌다른 부정부작）

● 百事動土符（백사 동토부）

모든 동 토에다 사용함

◎ 이 부작은 이사(移徙)의 방위에 살방(殺方)을 범했을때 사용한다.

● 進鬼方(진귀방)

● 五鬼方(오귀방)

● 眼損方(안손방)

● 大將軍方(대장군방)

● 退厄符(퇴액부)

모든액을퇴치하는부작

● 妾除去符(첩제거부)

첩을 떼는 부작

● 睡眠符(수면부)

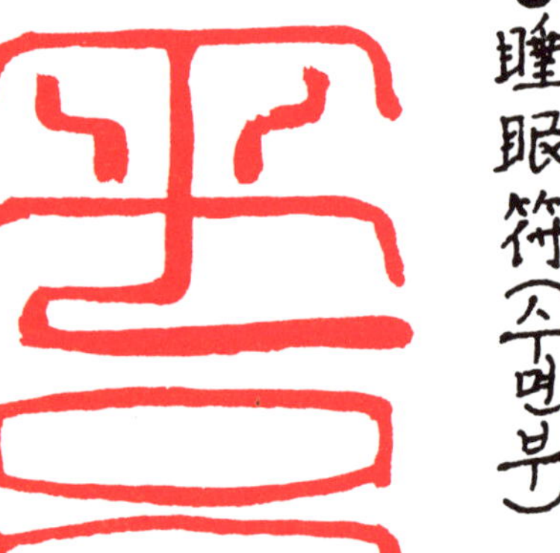

잠을 오게 하는 부작

● 船舶及車事故防止符 (선박및차사고방지부)

선박 사고 고방 지부 작

삼 불 제 석

효　자　씨

별
상
님

불사 할머니

白馬神將
백
마
신
장

대
신
할
머
니

사
해
용
왕

福壽
福壽
칠
성
福
福

산
신

최 일 장 군

명 도 령

오
방
신
장

秘傳　唐四柱要覽

初 版 發 行 ●1970年　　7月　25日
重 版 發 行 ●2022年　　5月　25日

共著者●金 赫 濟・韓 重 洙
發行者●金 東 求

發行處●明 文 堂(1923. 10. 1 창립)
서울특별시 종로구 안국동 17~8
우체국　010579-01-000682
전 화　(영) 733-3039, 734-4798
　　　　(편) 733-4748
FAX 734-9209
Homepage www.myungmundang.net
E-mail mmdbook1@hanmail.net
등록　1977. 11. 19. 제1~148호

●낙장 및 파본은 교환해 드립니다.
●불허복제

정가 30,000원
ISBN 89-7270-145-9 13140